LAS PUERTAS ETERNAS

Abriendo
y entrando

Saliendo
y cerrando

LAS PUERTAS ETERNAS

Abriendo
y entrando

Saliendo
y cerrando

Darío
Silva-Silva

Dedicados a la Excelencia

La misión de ***Editorial Vida*** es proporcionar los recursos necesarios a fin de alcanzar a las personas para Jesucristo y ayudarlas a crecer en su fe.

Miami, Florida

Edición: *Anna M. Sarduy*

Diseño interior: *Grupo Nivel Uno, Inc.*

Diseño de cubierta: *Pixelium Digital Imaging Inc.*

Fotografía: *Guillermo Agudelo*

ISBN: 0-8297-3997-1

Categoría: Vida cristiana

Impreso en Estados Unidos de América
Printed in the United State of America

04 05 06 07 08 ❖ 08 07 06 05 04 03 02 01

«El Cristianismo parece haber bajado al sepulcro;
pero tendrá su resurrección,
y sobre la base del Cristianismo se levantará
de nuevo la antigua sociedad que al
presente se desmorona».

—Renato de Chateaubriand

A la memoria de
Oliverio y Mariantonia Cabrera Ciceri,
mis tíos-abuelos y padres de crianza,
constructores de puertas en mi vida.

CONTENIDO

LLAVE

Advertencia

La bien llamada Puerta Nueva del templo de Jerusalén fue escenario de un episodio estremecedor protagonizado por el asistente del profeta Jeremías:

> «Baruc se dirigió al atrio superior de la casa del SEÑOR, a la entrada de la Puerta Nueva, y desde la sala de Quemarías hijo de Safán, el cronista, leyó ante todo el pueblo el rollo que contenía las palabras de Jeremías» (Jeremías 36:10).

El mensaje era preocupante; al menos, así lo entendieron los jefes allí reunidos quienes tomaron una prudente y unánime decisión:

> «Terminada la lectura, se miraron temerosos unos a otros y dijeron: tenemos que informar de todo esto al rey» (Jeremías 36:16).

El cronista real guarda el manuscrito en su caja de caudales, en tanto los jefes se presentan ante el rey Joacim y lo informan de la novedad profética; él decide escuchar la lectura del documento, pero:

> «A medida que Yehudi terminaba de leer tres o cuatro columnas, el rey las cortaba con un estilete de escriba y las echaba al fuego del brasero. Así lo hizo con todo el rollo, hasta que éste se consumió en el fuego. Ni el rey ni los jefes que escucharon todas estas palabras tuvieron temor ni se rasgaron las vestiduras» (Jeremías 36:23,24).

Pues bien, el autor cristiano es solamente un Baruc que escribe lo que se le dicta de lo alto; y cada libro, una Puerta Nueva hacia el templo del Señor.

He aquí mi rollo.

Quiero decir, mi puerta.

PUERTA DE ENTRADA

Introducción

Entre evangélicos es muy común hablar de que Dios abre y cierra puertas. Esta idea es básicamente correcta, pero algunos la usan en forma supersticiosa para tomar decisiones apresuradas o justificar fracasos nacidos de la humana imprevisión. Es hora de poner orden en el caos. Comencemos por el principio.

El Edén no tenía puertas porque el hombre original, tal como Dios lo creó, no entraba ni salía desde ni hacia ninguna parte. Solo permanecía en su Creador. La serpiente le abrió a Eva la primera de todas las puertas hacia el conocimiento del bien y del mal. El fatal error de la madre de las mujeres curiosas fue cruzar ese límite para ver qué encontraba más allá, y tomar de la mano al enamorado Adán para dar juntos el paso en falso hacia las sombras. Desde entonces, la humanidad caída es constructora de puertas, en su angustia existencial que busca salidas de la congoja y entradas a la felicidad.

La civilización cainita, o antediluviana, que había desarrollado el urbanismo, construía puertas. Es altamente probable que las murallas y viviendas de la ciudad llamada Enoc poseyeran vanos desde el suelo y hasta la altura conveniente para entrar y salir. Algo es seguro: el diseño que Dios le da a Noé para el arca incluye una puerta lateral:

> «Hazla de tres pisos, con una abertura a medio metro del techo y con una puerta en uno de sus costados» (Génesis 6:16).

Es significativo que, cuando todas las especies que deben ser conservadas están a bordo de aquel insumergible Titanic prehistórico, el bíblico navegante carece de poder sobre la puerta, obra de sus propias manos, porque Dios no le permite cerrarla. Lo hace El mismo en persona:

> «Así entraron en el arca con Noé parejas de todos los seres vivientes; entraron un macho y una hembra de cada especie, tal como Dios se lo había mandado a Noé. Luego el SEÑOR cerró la puerta del arca» (Génesis 7:15,16).

La humanidad actual existe porque don Noé, señora e hijos, portadores de nuestro ADN, cruzaron una puerta que fue accionada por la mano misma de Dios. Desde entonces, siempre que alguna calamidad viene sobre la Tierra, el Padre Celestial clausura las puertas del refugio preparado para sus hijos a fin de salvarlos de la destrucción.

Las puertas ejercen una gran fascinación sobre los niños. Detrás de ellas se ocultan para jugar o huir del castigo por sus fechorías. En mi edad traviesa, me emocionaba abrirlas y cerrarlas para observar la operación de sus goznes, fallebas, bisagras, armellas y trancas. Mis nietos, niños de la postmodernidad, no entienden los arcaísmos que utiliza su abuelo, como de antiguas traducciones bíblicas, para unos artefactos hoy innecesarios. Ellos leen la Nueva Versión Internacional y juegan con puertas que se abren y cierran por control remoto. En este instante, el más pequeño lo hace con el *gate* de mi garaje.

Yo, entre tanto, acciono el disco duro de la memoria: mi viejo libro de historias bíblicas infantiles ilustrado con muñequitos, luce en su portada a un joven Jesús ejerciendo su profesión de carpintero. Me pregunto, curioso, cuántas puertas fabricarían las manos humanas de mi Divino Redentor en aquel primitivo taller de Nazaret, antes de ser enclavadas en la cruz por causa mía.

El hombre posdiluviano se dedica, pues, a construir puertas, y a abrirlas y cerrarlas según necesidad; y, con su innata torpeza, va de una en otra, derribándolas, o armado de ganzúas de ladrón, entrando y saliendo, cuando no dándose portazos en las narices, cerrando su propia puerta a la verdad o abriéndola a la mentira. Desde el punto de vista espiritual, miles de millones de hijos de Adán buscan a Dios a través de portezuelas o portillos. He suplicado al Padre en oración que este libro sea una puerta abierta que les permita a muchos entrar a su presencia.

ALDABA

Hasta bien entrado el siglo XX, en mi provincia natal, al sur de Colombia, la sociedad romántica y pastoril vivía en otro tiempo, sereno y anacrónico. Sus gentes apacibles no se limitaban a ir a la iglesia los domingos; todos los días practicaban rutinarios rituales domésticos para honrar al Señor en los actos corrientes de sus vidas dignas y sencillas. Uno de mis recuerdos infantiles imborrables es el de las grandes puertas de madera de las casonas coloniales con sus enormes aldabas de cobre. El visitante las golpeaba pausadamente por tres veces, a tiempo que decía:

—Alabado sea Dios…

Desde adentro, hospitalaria voz modulaba la invariable respuesta:

—Y alabado sea su Santo Nombre.

Tal era el santo y seña que autorizaba el ingreso a la inviolable intimidad de un hogar.

QUICIO

Ya entrado en la madurez, una insaciable búsqueda espiritual me hizo pisar variados quicios, uno de ellos el de la Masonería. Las puertas de las logias también tienen aldabas y, quien pretende entrar a la reunión, llamada «tenida», debe dar tres golpes desde afuera, que, en lenguaje simbólico, recuerdan una enseñanza clave de Jesucristo:

> «Pidan y se les dará,
> busquen y encontrarán
> llamen y se les abrirá la puerta» (Lucas 11:9).

Producido el triple llamado, el maestro «guardián del templo» autoriza el acceso del intruso que ha osado interrumpir las secretas tareas del «taller». Lo hace desde el interior con un solo golpe seco que significa el Amén.

Es asombrosa la capacidad de manipulación de las Sagradas Escrituras que exhiben muchos sistemas espirituales no bíblicos, entre ellos la Masonería. Esta es propiamente un sincretismo de sincretismos.

DINTEL

Al iniciarse el siglo XXI, la voluntad soberana e inescapable de Dios me traspuso de mi país a los Estados Unidos de América, inopinadamente. Desconcertado, sometí este asunto a oración intensa, y el Espíritu Santo reveló a mi corazón una palabra de sabiduría específica y conmovedora:

> «Conozco tus obras. Mira que delante de ti he dejado abierta una puerta que nadie puede cerrar. Ya sé que tus fuerzas son pocas, pero has obedecido mi palabra y nos has renegado de mi nombre» (Apocalipsis 3:8).

La confirmación de la promesa divina fue inmediata: el Alcalde y la Junta de Comisionados de Miami me entregaron las Llaves de la Ciudad. El pastor Martín Añorga, figura patriarcal del exilio cubano y líder de la comunidad latina del sur de la Florida, fue el encargado de protocolizar la entrega. Al recibir tan señalado honor ante la feligresía de la naciente congregación filial de Casa sobre la Roca, pronuncié un discreto sermón sobre el valor tangible de las puertas en la vida natural, y el simbólico en la espiritual del ser humano.

Durante la sencilla reunión social que siguió al acto, algunos amigos, comentaron, como quien no quiere la cosa y la cosa queriendo, que si yo había escrito el libro *Las llaves del Poder*, podría redactar otro con el título de mi apresurada plática de aquel día: *Las Puertas Eternas*. Yo tomé en serio lo que parecía broma, porque Dios a veces nos hace reír para transmitirnos cosas trascendentales.

UMBRAL

Por las razones expuestas, estoy aquí frente a una nueva responsabilidad pastoral y literaria, con temor y temblor. Hay en la Biblia tantas puertas que uno no sabe por cuál de ellas entrar al tema: si por las de la ciudad, restauradas por Nehemías; o por las del templo, que diseñara Ezequiel; o si por las de oro y bronce que menciona Isaías. Como quiera que sea, hay que distinguir claramente las del enemigo, no para evadirlas sino para derribarlas.

Ahora mismo permanezco en el umbral del libro, como quien sabe que debe cruzarlo pero no se atreve a hacerlo, con un pie adentro y otro afuera, sometido a una angustiosa inercia. Y, mientras tecleo nerviosamente, alguien llama a la puerta de mi casa. No lo hace con aldaba, sino en timbre electrónico. Voy corriendo a abrir, pero prometo regresar de inmediato a mi labor. Con permiso…

Capítulo 1

CUATRO PUERTAS

Timbre

«Sácame de las puertas de la muerte»
(Salmo 9:13b).

El teólogo debería ser, paralelamente, un sociólogo. La teología es una ciencia especulativa que se esfuerza por descifrar a Dios y su mensaje para cada época y sociedad. Fue un error del conservadurismo cristiano del siglo XX rechazar radicalmente la llamada teología liberal, sin detenerse a pensar en los aportes positivos que contenía, en medio de una densa maraña de humanismos. Hoy los predicadores de las iglesias evangélicas se valen de ideas tomadas de Barth, Bultmann, Tillich, Niebuhn, etc.; lo hacen en forma espontánea, sin ruborizarse, pero eso sí, cuidando su pellejo al omitir nombres tan odiados por el fundamentalismo raizal.

América Latina vive a la penúltima moda. En la primera mitad de la pasada centuria, no hubo en el cristianismo regional de origen protestante un esfuerzo consistente por interpretar la problemática de la nueva sociedad postcolonial. La iglesia evangélica, marginal al *stablishment* rígidamente católico-romano, se convirtió en una federación de conventos, sin ningún contacto con la realidad circundante. Todavía hoy, en pleno siglo XXI, la mayoría de las congregaciones son guetos aislados —y aislacionistas—, reductos del fanatismo, el tradicionalismo y el legalismo.

Casi a mitad del siglo, el estruendo de la bomba atómica sobre Hiroshima y Nagasaki retumbó en todos los rincones del planeta y, por eso, durante los primeros años de la postguerra, el hombre dio muchos pasos en falso, producto del aturdimiento y la desesperanza. En América Latina, las desigualdades económicas y sociales generaron una sorda lucha entre países ricos y pobres por un lado, y ciudadanos proletarios y oligarcas, por el otro, todo ello alentado desde muy lejos, a control remoto, por la Unión Soviética. El cine y la música popular llevaron ese sello: «Nosotros los pobres» y «Ustedes los ricos» fueron películas mexicanas de mucho impacto.

El Caribe, que pronto sería escenario de una revolución indescifrable —la castrista—, producía canciones de corte melancólico sobre los grandes problemas humanos. Un bolero titulado «El juego de la vida», que popularizara el vocalista puertorriqueño Daniel Santos, definió en una concreta estrofa las únicas opciones del hombre pobre en la perspectiva latinoamericana. Entre ellas no figura el trabajo.

«Cuatro puertas hay abiertas
al que no tiene dinero:
el hospital y la cárcel,
la iglesia y el cementerio».

Analizaremos ahora, brevemente, las tres puertas trágicas que el bolero menciona: el hospital, la cárcel y el cementerio, pues la puerta solucionista —es decir, la iglesia— será objeto de capítulo aparte.

EL HOSPITAL

Sería irónico pretender hoy que la puerta de un hospital esté abierta para el que no tiene dinero, pues la medicina ha dejado ya de ser un apostolado para convertirse en una industria. En los días que corren resulta tan costoso enfermarse que muchos prefieren morirse antes de caer en manos de quienes eran, hasta hace menos de un siglo, instrumentos de humanidad y misericordia: los trabajadores de la salud. Ya no hay un Ambrosio Paré que le diga al enfermo curado:

> «No me des las gracias a mí, que solo vendé tus heridas, sino al Señor que te dio la curación».

En mi ámbito familiar hubo un caso entrañable: don Ignacio Silva-Silva fue médico de profesión y general del ejército conservador en la Guerra de los Mil Días, origen inmediato de los actuales conflictos colombianos. Se cuenta que algunos de sus compañeros de armas mostraron extrañeza de que él curara a combatientes heridos del bando contrario, el liberal, con igual celo que los del propio.

Al terminar la Guerra, el nuevo presidente Rafael Reyes, su amigo personal, le ofreció el Ministerio de Higiene, cargo que el favorecido declinó, prefiriendo quedarse al servicio de muchos necesitados de salud en el sur de Colombia, donde se había desatado una letal epidemia de tifo. Hombre acaudalado, jamás cobró un céntimo por sus servicios e, incluso, siendo senador de la República, dedicó su sueldo a los gastos hospitalarios de algunos de sus pacientes. Pese a ser alópata, dada la extrema pobreza de sus conterráneos, se decidió por la botánica y era divertido oírlo recetar:

—Mira, Fulano, vete por el camino viejo y en la primera puerta de golpe a mano izquierda hay un arbusto de tales características, cuyas hojas deben machacarse en el pilón, cocerlas a fuego lento en agua y darle a la vieja una cucharada tres veces al día, después de las comidas.

En cierta ocasión, un hombre proveniente de la capital tuvo súbito quebranto de salud y, cuando don Ignacio le dio la receta naturista, la miró con desdén y dijo en tono de reproche:

—En las boticas de mi ciudad venden inyecciones y píldoras. El galeno, entonces, procedió a cambiar la fórmula, no sin antes advertirle a su civilizado cliente, con aire socarrón

—Nunca olvide que las inyecciones y las píldoras generalmente las sacan de las plantas.

¿Sanos o salvos? Al sur del Río Grande supervive, hasta cierto punto, esa especie en vía de extinción que es el médico familiar: un amigo leal, un consejero sabio, un hermano compasivo, sinceramente preocupado del bienestar de sus pacientes. En los Estados Unidos, cada día se abren menos hospitales-iglesias, como hubo muchos en el pasado: lugares de adoración a Dios en medio de termómetros, pinzas y laboratorios. Cada día hay más iglesias-hospitales, templos que se dedican a sanar más que a salvar. Se enfatiza muy poco que la sanación depende de la salvación, que el salvo puede sanar pero el sano puede no ser salvo.

El cristianismo debe retomar su bella función sanitaria-ejemplarmente ejercida durante mucho tiempo por bautistas, presbiterianos, metodistas y otros-, que ha abandonado de manera creciente en manos de ateos y agnósticos indolentes para quienes el ser humano es un engranaje de piezas materiales, como los automóviles y los artículos electrodomésticos.

Gran parte de esta triste realidad tiene su explicación en la epidemia de curalotodos cristianos que han convertido las sanidades divinas milagrosas en una comedia de exageraciones. Personalmente he orado por muchas personas que, gracias a ello, fueron curadas de enfermedades terminales, pero he llorado solidariamente con los deudos de quienes no recibieron ese beneficio, porque Dios en su soberanía les reservaba el mayor de todos: llevarlos a su Eterna Presencia. La corriente evangélica milagrera trajo otra consecuencia nefasta: la enemistad entre medicina y fe, con la enseñanza absurda de que consultar al médico es un acto de incredulidad. En nada queda, entonces, la aseveración de Jesucristo:

> «No son los sanos los que necesitan médico sino los enfermos —les contestó Jesús—» (Lucas 5:31).

Por cierto, el propio autor del evangelio citado, Lucas, era médico de profesión y hay historias confiables según las cuales atendía al apóstol Pablo en sus frecuentes quebrantos de salud que el Señor no quiso sanar mediante la oración, aunque sobra decir que Pablo mismo había sido vehículo de la sanidad divina para otras personas.

Idolatría enfermiza: Ha habido, además, en grupos evangélicos una lamentable confusión entre los conceptos de misericordia y sobreprotección y muchos no reciben la sanidad pues sencillamente no la desean por temor a perder el trato preferencial que su enfermedad les garantiza. Y hay que decir que, si todo lo que llena el corazón, la mente, el alma y las fuerzas de una persona es su dios, los hipocondríacos son idólatras de la enfermedad.

Adicionalmente, a finales de siglo, hubo cierta alianza estratégica entre comentaristas evangélicos y dueños de laboratorios farmacéuticos para condenar toda forma de medicina no alopática. Es natural que los cristianos rechacemos el curanderismo en sus variadas versiones, pero no podemos clasificar como curandero a todo facultativo que no sea alópata. Conozco a varios médicos profesionales homeópatas que son cristianos nacidos de nuevo y pasaron por graves problemas cuando se dijo desde púlpitos que la homeopatía era brujería. Algo parecido se ha hecho respecto a las ciencias psíquicas, calificándolas de satánicas. Hoy, gracias a Dios, existe una mejor comprensión de los distintos sistemas médicos y se cuenta con una avanzada psicología bíblica, muy útil en el campo de la consejería.

A las anteriores consideraciones debe añadirse la creciente carencia de atención espiritual en los hospitales, aunque es justo reconocer los esfuerzos de muchas iglesias y otras instituciones cristianas por brindarla. Quienes lo hacen, sin duda hablarán con el Rey en el juicio de las ovejas y las cabras, como está escrito:

> «¿Cuándo te vimos enfermo o en la cárcel y te visitamos? El Rey les responderá: "Les aseguro que todo lo que hicieron por uno de mis hermanos, aun por el más pequeño, lo hicieron por mí"» (Mateo 25:39,40).

Se trata de algo muy serio: el asunto no es con el prójimo, sino personalmente con Jesucristo quien, por así decirlo, se personifica en el enfermo y en el prisionero.

LA CÁRCEL

A finales del siglo pasado tuve la oportunidad de dialogar personalmente en Bogotá con Charls Colson, antiguo secretario del presidente Richard Nixon, condenado a prisión como uno de los directos culpables del escándalo Watergate y quien, al conocer la libertad en la cautividad, se transformó en un poderoso evangelizador mundial a través de la Confraternidad Carcelaria.

Este caso demuestra que la cárcel no abre sus puertas exclusivamente para los pobres, como lo pretende la canción que nos ocupa. Hay también «pobres ricos» que terminan tras las rejas por alguna razón. En una etapa de mi ministerio pastoral estuve en contacto con algunos de ellos, debido a las particulares circunstancias en que se debate la sociedad colombiana, y ello me permitió entender que las cárceles son terreno propicio como pocos para la predicación del mensaje salvador.

Preguntas entre rejas. Cuando prestaba el servicio militar, al finalizar mi adolescencia, un retraso en la hora de regreso de una licencia que se me había concedido, hizo que yo fuera sancionado con varios días de calabozo. Aquel castigo medieval, pese a su dureza, me dio lecciones valiosas. La celda castrense de reclusión, estrecha y helada, poseía una tabla por cama y carecía de servicios sanitarios; las necesidades fisiológicas debían esperar hasta la cotidiana hora de sol, recetada médicamente para los detenidos. Durante mi permanencia allí fui sometido a una dieta de pan y agua, muy aproximada a la práctica del ayuno bíblico; aprendí entonces que un estómago liviano acrecienta la espiritualidad.

No recuerdo si oraba en aquel tiempo, pero estoy seguro de haberme interiorizado a través de meditaciones sobre el sentido de la vida humana; sentí, sobre todo, una viva compasión por quienes son privados de la libertad. Recibí, de alguna manera, revelaciones sobre mi futuro porque, una vez salido de aquel hoyo, mi sentido de orientación fue claro y preciso: sería alguien, conquistaría un nombre, haría saber a todos que yo estaba en el mundo. Así ocurrió durante tres decenios de intenso y exitoso ejercicio como periodista y comunicador social, hasta coronar mi carrera como empresario de televisión.

Mi experiencia de conversión fue posterior, es cierto, pero no puedo negar que en ese calabozo de soldado adolescente mi corazón empezó a prepararse para recibirla. En la soledad de la prisión el hombre cuestiona los grandes temas; incluso la fe se pone a prueba tras las rejas, como le sucedió a aquel austero Bautista que era, según Jesús, alguien fuera de lo común.

> «Juan estaba en la cárcel, y al enterarse de lo que Cristo estaba haciendo, envió a sus discípulos a que le preguntaran: ¿Eres tú el que ha de venir, o debemos esperar a otro?» (Mateo 11:2,3).

Juan había visto al Espíritu Santo descender en forma de paloma sobre Jesús, y sus labios lo proclamaron como «el cordero de Dios que quita los pecados del mundo»; y, sin embargo, sometido a grillos y cadenas, puso en tela de juicio sus propias palabras proféticas. A todo prisionero le sucede algo parecido. La privación de la libertad pone en tela de juicio la seguridad personal. Aquellos discípulos de Juan recibieron instrucciones directas del Cristo para ejercer el primer ministerio carcelario de la historia:

> «Les respondió Jesús: Vayan y cuéntenle a Juan lo que están viendo y oyendo: Los ciegos ven, los cojos andan, los que tienen lepra son sanados, los sordos oyen, los muertos resucitan y a los pobres se les anuncian las buenas nuevas. Dichoso el que no tropieza por causa mía» (Mateo 11:4,6).

Presos pero libres. Dondequiera que haya un alma encarcelada por la duda, debe haber un mensajero de las buenas nuevas. Convertirse es, cabalmente, salir de la cárcel: ya sea de una gubernamental, como Colson, o bien, de cualquier otra; al fin y al cabo, el hombre sin Dios es un prisionero, no importa si se mueve libremente por las calles. Y, por cierto, hay muchos libres encadenados y muchos encadenados libres.

Algunos de los apóstoles, por ejemplo, fueron apresados pero nunca perdieron su gloriosa libertad espiritual; y resulta significativo que recobraran la física mediante oración y alabanza.

En efecto, cuando Pedro fue apresado por Herodes, muchas personas se reunieron a orar en casa de Marcos y, debido a tal intercesión, hubo un suceso sobrenatural:

> «De repente apareció un ángel del Señor y una luz resplandeció en la celda. Despertó a Pedro con unas palmadas en el costado y le dijo: "¡Date prisa, levántate!" Las cadenas cayeron de las manos de Pedro. Le dijo además el ángel: "Vístete y cálzate las sandalias". Así lo hizo, y el ángel añadió: "Échate la capa encima y sígueme". Pedro salió tras él, pero no sabía si realmente estaba sucediendo lo que el ángel hacía. Le parecía que se trataba de una visión" (Hechos 12:7, 9).

Lo irónico del asunto, como suele suceder hoy en día, es que todos los que estaban orando por la libertad de Pedro, no creyeron en ella cuando se produjo. Leamos el sugerente relato de Lucas sobre lo que ocurre al apóstol, una vez fuera de la celda:

> «Cuando cayó en cuenta de esto, fue a casa de María, la madre de Juan, apodado Marcos, donde muchas personas estaban reunidas orando. Llamó a la puerta de la calle, y salió a responder una sierva llamada Rode. Al reconocer la voz de Pedro, se puso tan contenta que volvió corriendo sin abrir.
> —¡Pedro está a la puerta! —exclamó.
> —¡Estás loca! —le dijeron.
> Ella insistía en que así era, pero los otros decían:
> —Debe ser su ángel.
> Entre tanto, Pedro seguía llamando. Cuando abrieron la puerta y lo vieron, quedaron pasmados» (Hechos 12:12-16).

El don de fe es como la perla negra, que solo se pesca una en un millón de ostras. Por otra parte, cuando Pablo y

Silas son encarcelados en Filipos, lejos de renegar de su mala suerte, o lamentarse de las inevitables pruebas por las que pasa el siervo de Dios, dieron rienda suelta a su poderoso instinto espiritual que los inducía a la oración y la alabanza:

> «A eso de la medianoche, Pablo y Silas se pusieron a orar y a cantar himnos a Dios, y los otros presos los escuchaban. De repente se produjo un terremoto tan fuerte que la cárcel se estremeció hasta sus cimientos. Al instante se abrieron todas las puertas y a los presos se les soltaron las cadenas» (Hechos 16:25, 26).

Ni para qué subrayar que Pablo y Silas aprovecharon bien el contratiempo de ser encarcelados, como lo hiciera José en Egipto: ejerciendo el ministerio encomendado por el Señor. Ellos, en efecto, evangelizaron al carcelero, su familia y todas las personas que estaban en su casa, quienes fueron, probablemente, primicias del grupo formativo de una preciosa iglesia: la de los filipenses. Las llaves que abren las puertas de todas las cárceles son hoy, como sucedía entonces, la oración y la alabanza. Pablo y Silas eran libres, aherrojados de grillos y cadenas; el preso real era el carcelero.

Encontrar el Camino hacia Dios en la persona de Jesucristo es salir de alguna particular prisión: la cárcel del dolor con sus rejas de lágrimas, la cárcel de la enfermedad con sus rejas de gasa y algodón, la cárcel del vicio con sus rejas de coca y marihuana, la cárcel del dinero con sus rejas de cheques y monedas.

EL CEMENTERIO

Cuando visité a Ginebra, me impactó esta escueta información de la guía turística en el histórico cementerio de la ciudad:

—Por aquí, en algún sitio, yacen los restos de Juan Calvino.

El austero reformador, objeto de seculares controversias, dio órdenes precisas antes de su fallecimiento: que nadie sepa dónde descansan mis huesos, no quiero mausoleo, ni cruz, ni epitafio, ni señal alguna que identifique tal lugar. Es de suponerse que este genio religioso abrigaba explicables temores de que sus cenizas fueran un objeto, al menos, de veneración, dentro del «culto a los difuntos» que subyace en el inconsciente colectivo religioso. Hoy por hoy, pese a los avances de la investigación teológica, y aun de la científica, subsiste cierta irrefrenable «necrolatría», o culto a la muerte, en muchos grupos sociales y sistemas religiosos que se dicen de estirpe cristiana.

No me refiero a la devoción por las almas del purgatorio propia del catolicismo romano, que es un caso extremo, enfermizo y antibíblico, sino a expresiones evangélicas tan exóticas como la de quienes, según se ha publicado profusamente, visitan la tumba de Kathryn Kullman para recibir unción de sus huesos, porque ellos la producen en la misma forma que los del profeta Eliseo siglos antes de la resurrección de Cristo. ¿En qué se diferencia esta conducta de la de quienes creen, bajo el contexto católico, en las reliquias de los mártires; o, dentro de la hechicería, en el uso de huesitos de muertos como amuletos?

De muerte a vida. La fascinación de la gente por los muertos llega a extremos inverosímiles, que tienen relación con la certeza o la suposición de que existe vida después del fallecimiento. La creencia en la inmortalidad no es exclusiva del judeo-cristianismo; todos los sistemas religiosos la comparten bajo diversas visiones e interpretaciones: los egipcios momificaban los cadáveres y construían confortables pirámides pues estaban convencidos de que los muertos seguían viviendo y visitaban sus tumbas; los babilonios creían a pie juntillas en un dios «que restaura los muertos a la vida»; es bien significativo lo expresado por Sócrates antes de tomar la cicuta: «Sepúltenme, si es que me pueden tomar»; los aborígenes del Nuevo Mundo enterraban, junto a sus caciques, mujeres, animales y artículos varios para que los acompañaran en su travesía por el más allá;

algunos cultos africanos de tótem y tabú esperan «un nuevo hogar en el oeste, donde se pone el sol»; ni qué decir de los hinduistas, convencidos de que existe la reencarnación.

Lo que hace original, en este aspecto, al judeo-cristianismo entre todos los sistemas espirituales es la creencia en la resurrección de los muertos, que ha sido minimizada, cuando no desconocida o negada, en el seno de grupos que se precian de guiarse por doctrinas bíblicas. Si la resurrección fuera un mito —como algunos lo pretenden con gran desfachatez— el cristianismo sería la farsa más cruel de la historia humana. Hace dos mil años san Pablo ya lo advertía con sagacidad espiritual:

> «Ahora bien, si se predica que Cristo ha sido levantado de entre los muertos, ¿cómo dicen algunos de ustedes que no hay resurrección? Si no hay resurrección, entonces ni siquiera Cristo ha resucitado. Y si Cristo no ha resucitado, nuestra predicación no sirve para nada, como tampoco la fe de ustedes. Aún más, resultaríamos falsos testigos de Dios por haber testificado que Dios resucitó a Cristo, lo cual no habría sucedido, si en verdad los muertos no resucitan. Porque si los muertos no resucitan, tampoco Cristo ha resucitado. Y si Cristo no ha resucitado, la fe de ustedes es ilusoria y todavía están en sus pecados» (1 Corintios l5:12-17).

Es una lástima que el antiguo materialismo de los saduceos a este respecto haya resurgido a través del moderno materialismo de los marxistas; y más deplorable aún, que ciertos comentaristas cristianos abrieran la puerta del análisis a una visión seudo-científica de los fenómenos espirituales que redujo a simple mito todo lo milagroso, empezando por la resurrección. Ellos asesinaron la esperanza ulteriorita del hombre. Sin embargo, nadie pudo borrar este versículo:

«Yo sé que mi redentor vive, y que al final triunfará sobre la muerte. Y cuando mi piel haya sido destruida, todavía veré a Dios con mis propios ojos» (Job 19:25,26).

En tiempos tan primitivos, el autor de este libro sabe que su Redentor vive y triunfará sobre la muerte; y que, después de que su piel se haya deshecho, verá a Dios con sus propios ojos. Si no habla de resurrección, ¿a qué, entonces, se refiere?

Ídolos de polvo. Los cementerios son indispensables, sin duda, como una forma de racionalizar la humana necesidad de enterrar los cadáveres, cuyo número crece día por día, aunque es evidente que muchos buenos cristianos optan por otras formas de solucionar el problema, venciendo sus antiguas prevenciones contra la cremación. Durante largo tiempo se pensó que un cadáver incinerado tendría dificultades para resucitar, pero un análisis más juicioso del tema llegó a la conclusión de que cremar los restos humanos es, simplemente, una manera de acelerar su inevitable pulverización que, tarde o temprano, habrá de producirse.

Hoy se practica, en general, una «corpolatría», o adoración del cuerpo, en forma similar a como sucedía en la civilización helénica y, debido a ello, la muerte es considerada la tragedia definitiva, por su letal capacidad de demolición de ese ídolo de polvo que es la parte somática del ser humano. Hoy se piensa que perder el cuerpo es perder la identidad. Por eso, algunas de las llamadas divas del espectáculo tienen fincada su personalidad en las ancas, como las vacas y las yeguas. Ciertamente, gran parte del atractivo femenino reposa sobre el cuerpo, y sería estúpido negar que Dios hizo una obra maestra de la costilla de Adán; pero hay la realidad mayor: el cuerpo de la mujer es solo una linda redoma que guarda una esencia eterna. Lo que la mujer es, no consiste del continente sino del contenido.

Cuando yo era joven, hace más años de los que quisiera, conocí el caso de una chica escultural, desentendida de cosas espirituales, quien pasaba todos los días, con andar de modelo en pasarela, frente a un corrillo de vagos de esquina en una aldea de mi país; uno de ellos, hastiado de lanzarle piropos sin obtener respuesta, le dijo finalmente, sentencioso:

—Oye, muñequita, qué cuerpazo tan bello tienes y pensar que un día se lo van a comer los gusanos...

El viejo bolero que cantaba Daniel Santos dijo la verdad parcialmente: el hospital, la cárcel y el cementerio son puertas abiertas no solo para los pobres; la verdad es que las tres acogen a gentes de todos los rangos. Pero, más allá de tales consideraciones, hay muchos sanos con el alma enferma, ricos con el arca del corazón llena de miserias y muertos espirituales que se pavonean sobre el mundo diciéndose vivos, a quienes les dedicó precisa estrofa un popular versificador latinoamericano:

«No son los muertos los que en dulce calma
la paz disfrutan de la tumba fría,
muertos son los que llevan muerta el alma
y viven todavía».

Queda, sin embargo, una puerta por analizar de aquellas cuatro que menciona «El juego de la vida»: la iglesia. Allí todos los pobres, sin importar la índole de su pobreza, encuentran refugio. Un poco más adelante abriremos las puertas del templo. Por ahora, veamos como se restauran las de la ciudad.

Capítulo 2

Las puertas de la ciudad

Mirilla

«Para que en las puertas de Jerusalén proclame tus alabanzas y me regocije en tu salvación» (Salmo 9:14).

Sería redundante reiterar que las ciudades antiguas tenían puertas. El ex-jesuita brasileño Anthony de Mello, promotor de la Nueva Era, ha reeditado la leyenda mitológica de los *sanyasas*, nombre dado por el libro apócrifo de Enoc a los ángeles caídos que permanecían en guardia a las puertas de las urbes antediluvianas; y, de análoga manera, algunas iglesias evangélicas que practican la llamada «guerra espiritual» atribuyen el gobierno de ciertas ciudades a demonios específicos. Lo hacen en general con buenas intenciones, pero hay entusiastas e ignorantes que exageran la nota y no pocos han plagado de mitos la sencilla fe cristiana.

Las puertas de las ciudades tenían una función bien definida de defensa, que conservaron hasta entrado el siglo XIX; pero la creciente sofisticación de las guerras hizo que fueran desapareciendo paulatinamente, primero por destrucción y, a la postre, porque se hizo innecesario construirlas. La seguridad ciudadana en el mundo antiguo y medieval reposaba sobre puertas y murallas. En la leyenda histórica de Homero, la guerra se define cuando la puerta de Troya se abre de par en par y da paso al inmenso caballo repleto de guerreros invasores. Los romanos temblaron de pavor cuando el ejército cartaginés avanzaba como langosta bélica y se escuchó el angustiado grito: *Aníbal ad portas.*

Las puertas de ciudades que hoy se conservan son tesoros arqueológicos o reliquias religiosas y mantienen, en todo caso, un rico y profundo simbolismo. En el Nuevo Mundo, salvo las coloniales fundadas por españoles y lusitanos, las ciudades carecen de puertas. Sin embargo, las hay simbólicas: Barranquilla es «la puerta de oro de Colombia»; y Miami, «la puerta de las Américas», etc. Cuando a una capital provincial de mi país se la llamó «la ciudad de las puertas abiertas», su vecina rival fue nominada «la ciudad sin puertas». En España existen poblados que agotan el tema: La Puerta, en la provincia de Guadalajara; La Puerta de Segura, en Jaén; Puertas, en Salamanca, y qué se yo cuántos más.

¿Puertas santas? Las sociedades paganas solían distinguir las puertas de sus ciudades con los nombres de sus dioses: el pueblo amazónico de los uros elevó en Tiahuanaco, Bolivia, a cuatro mil metros de altura sobre el nivel del mar, un monolito ciclópeo llamado La Puerta del Sol, en homenaje a su deidad suprema. En la religión católica se da mucha importancia a la que llaman «Puerta Santa», y que tiene sus versiones más notables en las basílicas de San Pedro, San Juan de Letrán, María la Mayor y San Pablo

Extramuros, las cuales solo se abren en las Navidades y con motivo de un año jubilar.

Entre las denominaciones cristianas es el catolicismo romano, muy lejos de todas las demás, la que contiene mayor número de elementos religiosos y cierta tendencia a sacralizar las cosas: el templo sagrado, el agua bendita, y, así mismo, el fuego, el aceite, los ornamentos, etc. Algunos evangélicos hacen lo propio, por ejemplo, con pañuelos de oración muy similares a las reliquias de los santos.

En la Nueva Era se les ha conferido poder espiritual a las flores, las velas, los aromas, etc. El cristianismo genuino rechaza tales tendencias, porque entiende que, si en el Antiguo Testamento eran sagradas las cosas, en el Nuevo son sagradas las personas; que Dios, al hacerse hombre en la persona de su Hijo, abrió la puerta misteriosa que convierte al ser humano en morada del Espíritu Santo. El agua, el fuego, el aceite, las puertas, todos los elementos materiales que se utilizan en algunos ritos, son meros símbolos que nos permiten percibir precariamente la realidad espiritual.

LA PUERTA DE ISHTAR

Los babilonios, pioneros por antonomasia de las falsas religiones, edificaron la colosal Puerta de Ishtar, que protegía el palacio de Nabucodonosor II, para honrar a «la madre de Dios». El actual Irak conserva sus ruinas en ladrillos esmaltados de fondo azul que ostentan relieves de toros y dragones amarillos con orlas de rosetas blancas.

A veces me pregunto, con curiosa inquietud, por qué se ha desatado una guerra de extrañas características en ese país, y, al margen de consideraciones políticas que no me corresponde formular, mi mente se atropella de inquietudes. El territorio del actual Irak acumula un tesoro histórico al que poca atención se le ha prestado en el fragor de las batallas, como si el inconsciente colectivo de la humanidad caída quisiera olvidar que fue allí, precisamente, donde comenzaron todas sus desdichas.

Con relación a Irak, que hasta el siglo XIX se llamaba Mesopotamia, es famosa la anécdota del gran poeta francés Víctor Hugo durante la solemne función de su jubileo, con asistencia de representantes diplomáticos.

Cuando el heraldo imperial dio los tres golpes protocolarios y anunció:

—El señor embajador de Inglaterra, Víctor Hugo exclamó:

—¿Inglaterra? ¡Oh, Shakespeare!

Luego el heraldo repitió su operación para anunciar:

—El señor embajador de Alemania; el poeta, entonces, comentó:

—¿Alemania? ¡Oh, Goethe!

Un poco después, el anuncio del heraldo fue:

—El señor embajador de Italia; y el comentario del poeta:

— ¿Italia? ¡Oh, Dante!

Acto seguido, como en un ritual, heraldo y genio volvieron a la carga:

—El señor embajador de España.

—¿España? ¡Oh, Cervantes!

Pero cuando el heraldo, después de los tres golpes de su bastón, anunció:

—El señor embajador de Mesopotamia, Víctor Hugo vaciló un poco, se rascó la cabeza y, finalmente, resopló:

—¿Mesopotamia? ¡Oh, la humanidad!

En el principio. Si hemos de ser consecuentes con lo que creemos, Adán y Eva eran iraquíes. Entre los dos grandes ríos de Irak, Éufrates y Tigres, ubican las Sagradas Escrituras el huerto del Edén, donde había aterrizado —literalmente— el ángel sedicioso camuflado en forma de serpiente; y allí se inaugura el pecado, cuando los primeros padres aceptan la sugestiva oferta de ser como Dios mediante el conocimiento del bien y del mal. Allí mismo, en el actual Irak, hace alrededor de muchos milenios, tuvo lugar el primer asesinato: Caín —que era iraquí también— abre la primera fosa con el primer cadáver, estrena el luto en la primera familia, que es la suya propia.

En Mesopotamia, que es el nombre histórico de Irak, se desarrolla la civilización antediluviana, llamada de los cainitas, por los descendientes del homicida pionero. (¿Por qué será que toda civilización nace con sangre?). Aquellos primigenios iraquíes fueron constructores de ciudades y tiendas de campaña, polígamos, criadores de ganado, tañedores de arpa y flauta, forjadores de herramientas de hierro y bronce, y poetas, según el esquemático relato de Génesis 4:17-24, que coincide asombrosamente con descubrimientos científicos de última ocurrencia.

LA PUERTA DEL ARCA

Es en Mesopotamia —o sea, Irak- donde se desarrolla la intensa actividad de los ángeles caídos que relata el libro apócrifo de Enoc, lleno de interpolaciones gnósticas en su versión actual, pero probablemente basado en algún texto original del patriarca que, por su lealtad a Dios, fue arrebatado al cielo sin conocer muerte. Puede afirmarse, sin lugar a equívocos, que este Enoc setita, así como su homónimo cainita, era iraquí; al igual que lo fuera su nieto Noé, quien empleó brea, especie de petróleo incipiente de Irak, para una obra memorable:

> «Constrúyete un arca de madera resinosa, hazle compartimentos, y cúbrela con brea por dentro y por fuera» (Génesis 6:14).

Tras salir por la puerta del arca en Ararat, monte de la región turco-armenia al norte de Irak, Noé y sus hijos descienden a Mesopotamia, donde se multiplican para generar la humanidad actual. Dicho sin ambages, el ADN de todos los hombres de todas las naciones es iraquí. Un resumen de lo que ha acontecido en Mesopotamia nos llenará de perplejidades. En tal franja de tierra se desarrollaron las civilizaciones postdiluvianas: acadios, sumerios y babilonios, que pervirtieron la religión oral de los patriarcas para dar paso a las primeras mitologías.

La torre de Babel fue erigida en algún lugar de Irak. Desde Ur de Caldea, ciudad situada ahí mismo, partió un día el patriarca Abraham hacia el sur para cumplir el propósito divino, y de allá hizo importar a la iraquí Rebeca para esposa de su Isaac. El hijo de estos, Jacob, subió después a Irak para generar la nación de Israel, de cuyos doce patriarcas once fueron iraquíes, pues solo Benjamín nació en Canaán.

Babilonia. Andando el tiempo, los judíos son llevados cautivos a Irak, que entonces se llamaba Babilonia; uno de ellos, el joven Daniel, desarrolla en esa potencia sus habilidades extraordinarias de profeta y hombre de estado, incluso cuando Persia, que es el actual Irán, emerge como autoridad de la región. En Irak es librado del foso de los leones, y sus amigos del horno hirviente; es allí donde, a la ribera del río Tigris, el propio Daniel recibe, en visiones y sueños espirituales, el plan profético de Dios hasta que todo termine. Su maravilloso libro ha sido, es y seguirá siendo objeto de múltiples interpretaciones, no pocas de ellas francamente disparatadas. Yo prefiero apropiarme de su versículo final, que es lo único seguro:

> «Pero tú, persevera hasta el fin y descansa, que al final de los tiempos te levantarás para recibir tu recompensa» (Daniel 12:13).

Hay que decir, adicionalmente, que es en Mesopotamia donde por primera vez el hombre coloca su pensamiento en grafismos por medio de la escritura cuneiforme, y donde, también por primera vez, sistematiza las leyes en el Código de Hamurabí. No puede soslayarse que Irak es la patria de Harum al Raschid y Scherazada, donde las Mil y una noches tienen su escenario, aunque últimamente solo se ha visto por allí en acción a Alí Babá y los cuarenta ladrones…

Cualquiera sea el desarrollo de la guerra, no deja de ser impresionante que se haya instalado un enclave de la civilización cristiana occidental en la entraña misma del Islam, como en una reedición de las cruzadas. Una guerra es algo malo en todo caso, pero Dios siempre encamina las cosas para bien en el curso de la historia; por eso, yo espero que se abra una puerta a la evangelización allí donde, por milenios, ha permanecido desplegada a la idolatría la milenaria Puerta de Ishtar.

EL RESTAURADOR DE PUERTAS

En las Sagradas Escrituras, aparte de su obvia función defensiva, las puertas tienen varios usos: cortes de justicia formadas por varones rectos y sabios de la comunidad para dirimir pleitos y ordenar castigos, tribunales de paz para protocolizar uniones matrimoniales, patíbulos para la ejecución de adúlteras y sodomitas, operadoras de bolsa para trueques comerciales, entre otros.

La popular expresión «conocido en las puertas» calificaba a alguien prominente, respetado y de alguna influencia económica, política, intelectual o moral, necesariamente versado en los tejemanejes de la Ley. Un sinvergüenza o estúpido no podía sentarse a las puertas de la ciudad. Es, por lo tanto, explicable el celo de Nehemías cuando comunica al rey Artajerjes la causa de su preocupación:

> «Y le respondí:
> "¡Que viva Su Majestad para siempre! ¿Cómo no he de estar triste si la ciudad donde están los sepulcros de mis padres se halla en ruinas, con sus puertas consumidas por el fuego?"»(Nehemías 2:3).

Las puertas quemadas hacen arder el corazón de Nehemías; por eso, su empeño primordial como líder de la empresa reconstructora es, precisamente, restaurar las puertas de la santa ciudad, con un profesionalismo que debería ser característica esencial de todo siervo de Dios. Las puertas minuciosamente reparadas, según la popular descripción del capítulo 3 del libro de Nehemías, tienen un alto valor simbólico, como veremos ahora:

LA PUERTA DE LAS OVEJAS

No se requiere ser muy listo para tomarle sentido a este nombre, pues Jesucristo en persona se encargó de hacerlo por nosotros, enseñándonos que lo que en el Antiguo Testamento era símbolo en el Nuevo es realidad concreta:

> «Jesús le puso este ejemplo, pero ellos no captaron el sentido de sus palabras. Por eso volvió a decirles: —Ciertamente les aseguro que yo soy la puerta de las ovejas» (Juan 10:6,7).

Llama poderosamente la atención el hecho de que la puerta de las ovejas sea la primera que se reconstruye. Es una perogrullada decir que las ovejas son lo prioritario en la obra de Dios; pero, por desgracia, no todos los que se ocupan de ellas son propiamente pastores, aunque pretendan mostrarse como tales:

> «El asalariado no es el pastor, y a él no le pertenecen las ovejas. Cuando ve que el lobo se acerca, abandona las ovejas y huye; entonces el lobo ataca al rebaño y lo dispersa» (Juan 10:12).

Muchos ladronzuelos y salteadores abren portillos en las cercas e irrumpen a hurtadillas en el redil del Señor a ordeñar, trasquilar y degollar ovejas. No entran por la puerta, debidamente ordenados, sino pertenecen a la religión informal que causa estragos en los tiempos actuales. Hay también pastores legítimos pero que hacen mal su trabajo:

> «Así dice el Señor omnipotente: Yo estoy en contra de mis pastores. Les pediré cuentas de mi rebaño; les quitaré la responsabilidad de apacentar a mis ovejas, y no se apacentarán más a sí mismos. Arrebataré de sus fauces a mis ovejas, para que no les sirvan de alimento» (Ezequiel 34:10).

Finalmente, abundan los falsos profetas que se camuflan hábilmente bajo pieles de ovejas pero son en realidad lobos feroces, como el propio Jesucristo lo había advertido en forma que no admite interpretaciones ladeadas:

> «Cuídense de los falsos profetas. Vienen a ustedes disfrazados de ovejas, pero por dentro son lobos feroces. Por sus frutos los conocerán. ¿Acaso se recogen uvas de los espinos, o higos de los cardos? Del mismo modo, todo árbol bueno da fruto bueno, pero el árbol malo da fruto malo. Un árbol bueno no puede dar fruto malo, y un árbol malo no puede dar fruto bueno. Todo árbol que no da buen fruto se corta y se arroja al fuego. Así que por sus frutos los conocerán» (Mateo 7:15-20).

Hay ovejas tan necias que comen los malos frutos de tales árboles y, pese a la indigestión que les producen, los siguen apeteciendo, como cautivas víctimas del síndrome de Eva. Hay rebaños tan ciegos que, cuando los lobos que los dominan se despojan cínicamente de los cueros de ovejas que los cubren dejando al descubierto orejas y colmillos, lejos de abandonarlos, llegan hasta aplaudirlos.

LA PUERTA DE LOS PESCADOS

Tampoco hace falta gran imaginación para entender el simbolismo de esta puerta, porque Jesús, a la orilla del mar de Galilea, fue muy directo en su invitación a Simón y Andrés, propietarios de una microempresa de pesquería:

> «Vengan, síganme —les dijo Jesús—, y los haré pescadores de hombres» (Marcos 1:17).

La pesca milagrosa, sucedida poco tiempo después, fue solo señal y presagio de lo que ocurriría cuando aquellos rústicos artesanos echaran sus redes en el océano proceloso de las almas perdidas para rescatarlas. Su testimonio perdura por siglos y milenios en forma tan persistente que el símbolo ictiológico es indeleble en la psicología colectiva cristiana. Los sofisticados creyentes del tercer milenio identifican sus pertenencias —especialmente los automóviles— con la imagen de un pez, similar a la que se conserva como reliquia en las catacumbas romanas.

LA PUERTA VIEJA

Me gusta este sugestivo nombre porque habla más directamente a mi entendimiento que el de «Puerta de Jesaná», que utilizan algunos manuscritos. Lo viejo tiene muchas connotaciones bíblicas: el viejo hombre, la vieja naturaleza, las cosas viejas, etc. Jesús de Nazaret, el más grande innovador que la historia ha conocido, es muy claro al respecto:

> «Nadie remienda un vestido viejo con un retazo de tela nueva. De hacerlo así, el remiendo fruncirá el vestido y la rotura se hará peor. Ni echa nadie vino nuevo en odres viejos. De hacerlo así, el vino hará

> reventar los odres y se arruinarán tanto el vino como los odres. Más bien, el vino nuevo se echa en odres nuevos» (Marcos 2:21,22).

Nunca será suficiente cuanto se diga sobre esta enseñanza. En plena postmodernidad, la iglesia cristiana insiste en vestir su viejo traje lleno de remiendos, cuando el Señor quiere verla estrenar uno de gala; algunos dirigentes eclesiásticos *demodé* parecieran pensar que todo cambio es perversión satánica. Viejos odres de vino viejo. Con permiso de los sacrosantos cánones evangélicos, la Puerta Vieja debe ser restaurada solo para recordarnos que un día pasamos por ella para salir de las tradiciones, pero es absurdo cruzarla de retorno, como muchos lo hacen, pues eso no es entrar a la verdad sino salir de ella.

LA PUERTA DEL VALLE

No se cuántos valles menciona la Biblia, pero hay uno que me conmueve hasta lo profundo de mi ser por sus implicaciones espirituales: el Valle de la Decisión, objeto de mil interpretaciones ingeniosas y acertadas, retorcidas y descabelladas. ¿Qué importa una más?

> «¡Multitud tras multitud en el valle de la Decisión! ¡Cercano está el día del SEÑOR en el valle de la Decisión!» (Joel 3:14).

Puerta del Valle. ¿Porque una puerta bíblica lleva tal nombre? A veces he imaginado que ella ha de abrirse, precisamente, hacia el Valle de la Decisión. Yo la llamaría, por tanto, Puerta de la Decisión; o, más aún, Puerta del Valle de la Decisión, es decir, entrada a un lugar donde desaparecen las vacilaciones para dar paso a las definiciones.

El profeta Joel se refiere en su mensaje a un juicio decisivo de Dios, pero no es ilegítimo pensar que esta puerta invita al hombre ambivalente a cruzarla para entrar a ese lugar definitivo que es propiamente el valle de salvación. Traspasar esta puerta es, pues, tomar la decisión correcta: ir al Padre por el Camino verdadero.

LA PUERTA DEL BASURERO

Los antiguos eran pragmáticos en el diseño de sus murallas, dotadas de puertas para todas las humanas necesidades, entre las cuales era básica la recolección y evacuación de basuras. Se presume que esta puerta desembocaba directamente en la Gehena, el depósito donde la bazofia y los desechos orgánicos ardían en forma continua. Patética imagen empleada por Jesucristo para describir el Hades. Dicen que cerca de allí el cuerpo recién ahorcado del Iscariote cayó, desmembrándose, sobre Acéldama, el campo de sangre.

> «Con el dinero que obtuvo por su crimen, Judas compró un terreno; allí cayó de cabeza, se reventó, y se le salieron las vísceras. Todos en Jerusalén se enteraron de ello, así que aquel terreno fue llamado Acéldama, que en su propio idioma quiere decir Campo de Sangre» (Hechos 1:18,19).

Por la puerta del basurero ha de pasar la naturaleza pecaminosa del hombre para arrojar al fuego purificador su miseria moral. Si no lo hace en esta vida transitoria, su ser integral permanecerá eternamente en ese inextinguible basurero en combustión llamado infierno. La obra regeneradora del Espíritu Santo es el reciclaje de basuras más asombroso que existe: tomar un desperdicio humano —el pecador— y transformarlo en algo eternamente útil —el santo— es un misterio conmovedor.

LA PUERTA DE LA FUENTE

No es cosa de poca monta que esta puerta se halle ubicada junto al estanque de Siloé, que tiene un significado espiritual tan entrañable como vehículo de la sanidad divina. Se trata, pues, de la puerta que abre el acceso directo al milagro:

> «Ve y lávate en el estanque de Siloé (que significa: Enviado). El ciego fue y se lavó, y al volver ya veía». (Juan 9:7).

Es en Siloé, precisamente, donde las escamas de la ceguera espiritual caen de nuestros ojos y recibimos la visión periférica que nos permite ver la gloria de Dios a plenitud. En Siloé es real el espectáculo de los «espaldas mojadas» espirituales; esta alberca es el símbolo del nuevo nacimiento, la nueva criatura, la nueva vida. Allí se pasa por las aguas hacia algo diferente. Como ocurre en el bautismo.

La Biblia está llena de «espaldas mojadas»: Noé pasa por las aguas del Diluvio; Abraham cruza el río para ir a Canaán; Jacob hace lo propio para subir a Mesopotamia; el esclavo José pasa por el Mar Rojo para llegar a Egipto; igual operación realizan, años después, su padre y sus hermanos; Moisés recibe entrenamiento de «espalda mojada» en una canastilla de mimbre que desafía las ondas del Nilo. Su pericia era ya grande cuando alzó la vara para abrir las aguas del mar y dirigir la travesía de una muchedumbre de «espaldas mojadas». Su aventajado discípulo Josué llevó a la práctica las lecciones aprendidas al cruzar el río Jordán para arribar a la Tierra Prometida.

Varios profetas fueron «espaldas mojadas»: Elías pasó por las aguas antes de ser arrebatado al cielo; su discípulo Eliseo hizo lo propio para tomar la sucesión del oficio profético; Jonás, a regañadientes, es un «espalda mojada» que llega a Nínive a predicar el arrepentimiento. La etimología de la palabra hebreo significa «el que cruza por las aguas». No se pase por alto que Jesucristo es el inmigrante del cielo a la tierra, el divino «espalda mojada» que pasa por las aguas del Jordán en el bautismo para abrirnos a todos la Puerta de la Fuente.

LA PUERTA DEL AGUA

El agua puede estar estancada, como en Siloé que, por eso mismo, es un estanque; pero hay agua portátil, transportable, agua que se lleva en cántaros y odres para calmar la sed transitoriamente, como lo hacía aquella insatisfecha mujer samaritana a quien un día memorable Jesús le suministró el agua viva:

> «Todo el que beba de esta agua volverá a tener sed —respondió Jesús—, pero el que beba del agua que yo le daré, no volverá a tener sed jamás, sino que dentro de él esa agua se convertirá en un manantial del que brotará vida eterna» (Juan 4:13).

La Puerta del Agua es el pasadizo de sucios y sedientos pecadores que van y vienen de los pozos, cargados de pequeñas soluciones insuficientes para su inmensa sed de eternidad, hasta cuando decidan tener una charla con el misterioso Viajero fatigado que se sienta a la puerta del pozo, sediento de almas. Él es el manantial de vida eterna.

LA PUERTA DE LOS CABALLOS

En aquel tiempo los jinetes entraban y salían de la ciudad en forma muy activa empleando esta puerta. No se pase por alto que el rey Salomón tenía doce mil a su servicio. Las cosas no han cambiado mucho: hoy ocurre algo parecido con las rutas de autos en los aparcaderos, como es fácil observarlo al frente de supermercados y megaiglesias por igual. Es así porque los caballos eran los automóviles de antaño. Al margen de tales consideraciones, esta puerta trae a la memoria una imagen escatológica:

> «Así si en la visión a los caballos y a sus jinetes: Tenían coraza de color rojo encendido, azul violeta y amarillo como azufre. La cabeza de los caballos era como de león, y por su boca echaban fuego, humo y azufre. La tercera parte de la humanidad murió a causa de las tres plagas de fuego, humo y azufre que salían de la boca de los caballos. Es que el poder de los caballos radicaba en su boca y en su cola; pues sus colas, semejantes a serpientes, tenían cabezas con las que hacían daño» (Apocalipsis 9:17-19).

Causa inquietud y preocupación lo que afirma el autor de este punzante y bello libro sobre las últimas cosas cuyo lenguaje interpolado (literal-histórico-simbólico-virtual) ha sido quebradero de cabeza de los escatólogos de oficio. Algunos de ellos, dicho sea de paso, se quedaron sin oficio cuando sus vaticinios sobre el año dos mil fracasaron estrepitosamente.

> «El resto de la humanidad, los que no murieron a causa de estas plagas, tampoco se arrepintieron de sus malas acciones ni dejaron de adorar a los demonios y a los ídolos de oro, plata, bronce, piedra y madera, los cuales no pueden ver ni oír ni caminar. Tampoco se arrepintieron de sus asesinatos ni de sus artes mágicas, inmoralidad sexual y robos» (Apocalipsis 9:20,21).

Arrepentimiento es una palabra que muchos quisieran borrar de los diccionarios. Vivimos la edad de la desfachatez, el descaro y el cinismo; todo el mundo se deleita en sus pecados, los proclama sin ambages y declara a voz en cuello: «No me arrepiento de nada». Ser pecador se ha convertido en nuestra impúdica época en todo un timbre de honor; y, lo peor de todo, ya casi no se predica el arrepentimiento, garantía cierta de irnos con el Señor cuando él venga. Lo único que sabemos es que no sabemos cuándo ocurrirá el magno evento.

LA PUERTA ORIENTAL

Aunque no se poseen muchos detalles sobre esta puerta, siempre me ha impresionado la forma como Ezequiel hace la descripción del manadero de aguas salutíferas, que quizás puede relacionarse con ella:

> «El hombre me trajo de vuelta a la entrada del templo, y vi que botaba agua por debajo del umbral, en dirección al oriente, que es hacia donde da la fachada del templo. El agua corría por la parte baja del lado derecho del templo, al sur del altar» (Ezequiel 47:1).

Esta puerta se halla, pues, situada hacia el oriente, es puerta oriental; y en dirección a ella discurre el río del Espíritu de Dios con sus eternas ondas cristalinas que lavan, alimentan, calman la sed espiritual y purifican las vidas en el misterio de la regeneración. Por alguna razón misteriosa, de las diez puertas citadinas restauradas por Nehemías hay tres, digamos, acuáticas: Puerta de la Fuente, Puerta del Agua, Puerta Oriental. Agua estancada, agua portátil, agua corriente. Obsérvese que en las tres formas por igual —alberca, vasija y río— la esencia es la misma: H_2O. Mejor dicho: Espíritu Santo en todo caso.

LA PUERTA DE LA INSPECCIÓN

En algunos manuscritos se la llama «Puerta del Juicio», talvez porque servía de estrado judicial para conciliar a personas en conflicto, acaso porque en ella se nivelaban pesas y medidas. Inspeccionar es indagar, buscar indicios, hacer labores de espionaje. Para el ser humano, la Puerta de la Inspección es la conciencia, allí donde todo sale a la luz y se abre el corazón al arrepentimiento.

> «Si nos examináramos a nosotros mismos, no se nos juzgaría; pero si nos juzga el Señor, nos disciplina para que no seamos condenados con el mundo». (1 Corintios 11:31,32).

Todos, tarde o temprano, quiéranlo o no, estarán ante esta puerta para sopesar su existencia y hacer la minuciosa inspección llamada «examen de conciencia» por los católicos, y «auto-juicio» por los protestantes. (En este, como en otros casos, estamos de acuerdo en el concepto, pero no en las palabras que se emplean para expresarlo; y, como siempre, centramos la discusión en las palabras y no en el concepto.) Sea como sea, el aludido ejercicio de interiorización lleva al hombre a reconocerse como un simple pecador necesitado del perdón de Dios.

El libro de Nehemías es no solo un maravilloso manual de administración de grandes proyectos para ejecutivos, como se cree primariamente; su contexto simbólico ofrece valiosas lecciones para el discípulo bíblico aplicado y diligente. Su reconstrucción de las puertas de Jerusalén es un tratado de reingeniería espiritual. Las puertas restauradas son símbolos de almas que se deterioraron por el pecado o por las pruebas y deben ser limadas, resanadas, reparadas, redecoradas, aceitadas y puestas en funcionamiento de nuevo.

PUERTA DE LIBERTAD

Al margen de lo anterior, permítaseme entreabrir la puerta del recuerdo. En 1989 los Estados Unidos lucían agitados en el campo religioso. Por invitación del doctor David Shibley, mi esposa Esther Lucía y yo concurrimos en el Miami Arena a un mitin evangelístico presidido por Larry Lea, a quien muchos catalogaban por entonces como el apóstol de la oración. Interrumpiendo bruscamente el curso de su sermón, el predicador improvisó algo sorprendente:

—Hay un grueso muro con una gran puerta que impide la libertad y vamos a derribarlo esta noche.

Procedió luego a dirigir un clamor colectivo de diez mil personas que ordenaban con autoridad espiritual la caída de aquel muro y su puerta. El doctor Lea terminó su oración con estas palabras:

— Gracias, Señor, porque tú mostrarás en el plano natural lo que hemos obrado tus hijos esta noche en el plano sobrenatural. Amén.

Al día siguiente, en forma repentina y sin que la policía comunista opusiera la más mínima resistencia, una multitud jubilosa abrió en Alemania la histórica Puerta de Brandeburgo, echó por tierra el oprobioso muro de Berlín y la recia patria de Martín Lutero se reunificó automáticamente, en el abrazo de pulpo interminable de millones de tentáculos humanos que se anudaban unos a otros en la incontenible euforia de la liberación.

Horas más tarde, al observar un pedazo de muro que aún quedaba en pie, un periodista registró el vivo contraste de dos grafitis. Sobre la cara oriental se leía, en letras algo gastadas por el tiempo: «Dios ha muerto: Niestzche»; sobre la occidental, con pintura fresca, recién escrito: «Niestzche ha muerto: Dios».

No es de mi competencia, ni importa a los propósitos de este libro, analizar los episodios en los que se vio envuelto con posterioridad el hermano Lea, todos ya aclarados de sobra. El evangelio es una gran casa de puertas abiertas, como la del padre mencionado por Jesús en su parábola del hijo pródigo. Si las puertas físicas deben ser restauradas, con mayor razón las almas, puertas sensitivas de los seres humanos que se abren o cierran hacia adentro al espíritu, o hacia afuera al cuerpo.

Las ciudades de hoy no tienen puertas, porque ya no son ciudades, sino simples barrios, vecindarios y suburbios de la Aldea Global, dotada de puertas virtuales que se abren de par en par hacia todas las visitas e invasiones, incluidos los virus. Sin embargo, entre las puertas de ciudades que se conservan como patrimonio histórico hay una en Jerusalén que permanece sellada; nadie se atreve a pasar por ella, ni siquiera a abrirla, ni aun a tocarla. Por esa puerta cruzará un día mi Amo y Salvador, vestido de luz y majestad. Ven pronto, Señor Jesús. Amén.

Capítulo 3

LAS PUERTAS DEL TEMPLO

Rendija

«Entren por sus puertas con acción de gracias»
(Salmo 100:4a).

Era yo un niño provinciano cuando conocí la capital de Colombia, ciudad llena de grandes avances y novedades para mí. Hubo tres que me llamaron particularmente la atención: el tranvía, el ascensor y las puertas giratorias. En la primera de estas que conocí duré largo rato dando vueltas, entrando y saliendo, pues no podía creer que tal maravilla existiera, gracias a la electricidad. Para que la experiencia fuera inolvidable, sufrí un trastorno estomacal que me hizo vomitar profusamente.

Medio siglo después, debo confesar que las puertas que más se me parecen a aquella son las de los templos cristianos, pues soportan un flujo constante de personas entrando y saliendo, saliendo y entrando, como si no quisieran permanecer afuera ni quedarse adentro. A veces el tumulto es tan grande que no se sabe quién entra ni quién sale en ese constante giro; y lo peor es que pocos se esfuerzan por retener a los que entran para que permanezcan ni a los que salen para que no deserten. Muchos, al igual que aquel niño provinciano, ni entran ni salen: solo rotan sin cesar en la puerta giratoria hasta que terminan por marearse.

A PUERTA CERRADA

Por otra parte, hay grupos eclesiásticos que todo lo hacen a puerta cerrada, como si tuvieran algo que ocultar. Ya fastidia el caso de las famosas recolecciones de dinero que se realizan como una especie de secuestro extorsivo: se retiene a las personas en un recinto clausurado y nadie puede salir a menos que satisfaga las exigencias económicas que se le hacen.

Si no tienen dinero efectivo, los asustados fieles pueden girar un cheque, emplear las tarjetas de crédito, firmar un pagaré o despojarse de las joyas, pero nadie es autorizado a cruzar las puertas de salida sin antes haberse robado -aquí sí literalmente- la bendición de contribuir. Esta manipulación suele acompañarse con amenazas de juicio por causa de la avaricia y promesas de multiplicación exponencial de los recursos para quienes se muestren generosos.

Aún llevaba pocos años como pastor cuando fui impactado por un evangelista africano que, ante unas doce mil personas asistentes a su campaña, ordenó cerrar las puertas del recinto y declaró que el Señor, en lo más íntimo de sus devociones matinales, le había revelado que cada persona debía dar en esa ocasión una suma equis —muy considerable— como ofrenda; si alguien, por alguna razón, no contaba con el monto total de esa exigencia, su vecino de butaca tendría la astucia espiritual de completárselo, lo cual le garantizaría doble bendición de prosperidad.

Al finalizar la recolección, este hombre, en compañía de otros ministros, danzó frenéticamente, a ritmo de tambores, alrededor de las bolsas de dinero, apiladas en la plataforma que servía de altar. Tal fue su acción de gracias por la liberalidad de los asistentes a aquella reunión inolvidable para él. Y para mí también.

Hay muchas cosas que se hacen a puerta cerrada. Se sabe, por ejemplo, que algunos grupos sectarios celebran reuniones privadas, a las que llaman «cultos de maldición», para entregar en manos de Satanás a los desertores. Si una persona, dentro de la libertad que disfruta en Cristo, decide cambiar de iglesia, se convierte en blanco de ese tipo de anatema. No pocos se han decepcionado marchándose a buscar refugio en sistemas espirituales no cristianos. No puede desconocerse que existe cierto tipo de santa inquisición evangélica, cuyos practicantes no actúan a la luz pública sino en la clandestinidad de sus edificaciones eclesiásticas.

EL PAPARAZZI DE DIOS

Las cosas que se hacen a puerta cerrada dentro de algunos templos no son novedosas; dígalo, si no, el profeta Ezequiel, quien, por instrucciones de Dios, hizo algo de voyerismo profético, si se permite la expresión:

> «Después me llevó a la entrada del atrio. En el muro había un agujero. Entonces me dijo: Hijo de hombre, agranda el agujero del muro. Yo lo agrandé y me encontré con una puerta. Dios me dijo: Entra y observa las abominaciones que allí se cometen. Yo entré y a lo largo del muro ví pinturas de todo tipo: figuras de reptiles y otros animales repugnantes, y de

> todos los malolientes ídolos de Israel. Setenta jefes israelitas estaban de pie frente a los ídolos, rindiéndoles culto» (Ezequiel 8: 7,11a).

Ezequiel queda espantado con lo que ve: los muros del templo están llenos de pinturas de ídolos a los que los dirigentes de Israel rinden culto quemando incienso, pues en su ceguera espiritual suponen que no hay Dios que los vea. Pero allí no terminan las cosas, existen perversiones más grandes que el profeta observa en detalle a través de otra puerta:

> «Luego me llevó a la entrada del templo del Señor, a la puerta que da hacia el norte. Allí estaban unas mujeres sentadas, que lloraban por el dios Tamuz. Entonces Dios me dijo: Hijo de hombre, ¿ves esto? Pues aún los verás cometer mayores atrocidades» (Ezequiel 8:14).

La religión de Babilonia, madre de todos los engendros, es un camaleón que cambia de matiz para camuflarse en cada época y sociedad. Así, por ejemplo, eso que ahora llaman Nueva Era ni es era ni es nueva: solo otra máscara de la Gran Ramera, que no es un grupo determinado como se pensó por mucho tiempo, sino un movimiento que inficiona a todos los grupos, incluso los cristianos. Sigamos con el adusto profeta Ezequiel en su labor de santo paparazzi al interior del templo:

> «Y me llevó al atrio interior del templo. A la entrada del templo entre el vestíbulo y el altar, había unos veinticinco hombres que estaban mirando hacia el oriente y adoraban al sol, de espaldas al templo del Señor. Me dijo: «Hijo de hombre, ¿ves esto? ¿Tan poca cosa le parece a Judá cometer tales abominaciones, que también ha llenado la tierra de violencia y

no deja de provocarme? ¡Mira como me enardecen, pasándose por la nariz sus pestilentes ramos!» (Ezequiel 8:16,17).

En aquel tiempo la corrupción había llegado a tal extremo que algunos se drogaban durante sus orgías religiosas, a la usanza de los cananeos que aplicaban ramos de plantas alucinógenas —hachís y otras— a sus narices, tal como hoy se hace con la cocaína y sus derivados. Algunas sectas que abusivamente se autoproclaman cristianas han hecho lo mismo. Los nombres de David Berg y Jim Jones son solo dos de una larga lista de transgresores que han traído baldón injusto sobre la iglesia una, santa, universal y apostólica de Jesucristo. Satanás enmascarado como ángel de luz sigue disfrazando a sus sirvientes como ministros de justicia, según lo advirtiera Pablo hace ya veinte siglos; pero el fin de tales gentes es siempre deplorable, porque la justicia de Dios no puede ser burlada:

> «Por eso, voy a actuar con furor. No les tendré piedad ni compasión. Por más que me imploren a gritos, ¡no los escucharé!» (Ezequiel 8:18).

Códigos secretos. El libro de este profeta realiza una minuciosa descripción de las puertas del templo, según la visión que le fue dada para el futuro. Llama la atención que los accesos al santo lugar, tanto del atrio exterior como del interior, solo mencionen tres puntos cardinales: la puerta norte, la puerta sur y la puerta oriental. Gente desocupada se hace preguntas tontas: ¿Por qué razón no hay puerta occidental? ¿A qué se debe que a las puertas exteriores se suba por siete peldaños y a las interiores por ocho? ¿El hecho de que las puertas sean tres tiene relación con la Santísima Trinidad?

Se ha vuelto de última novedad intentar formas de interpretación de las Sagradas Escrituras con base en ingeniosas numerologías al estilo del «código secreto de la Biblia». Hay, deplorablemente, muchos cabalistas en las mismas iglesias donde se combate con ardentía la superstición. En este caso, solo la superstición ajena, claro está; la propia es sagrada.

Es deplorable que se gasten tanto tiempo y energías en temas accesorios y hasta inocuos, en vez de centrarse en lo fundamental. El que invierte el orden de prioridades, a la larga termina por perder el valor de los tesoros espirituales, como le sucedió al rey Ezequías, quien negoció la retirada del invasor asirio, sobornándolo con la entrega de los tesoros del templo, llegando a extremos inimaginables para un judío piadoso:

> «Fue entonces cuando Ezequías, rey de Judá, les quitó a las puertas y los quiciales del templo del SEÑOR el oro con que él mismo los había cubierto, y se lo entregó al rey de Asiria» (2 Reyes 18:16).

Las puertas de algunos templos de hoy son muy pomposas a la vista, pero solo están cubiertas de esa barata y delgada lámina de latón que se llama oropel, algo que parece oro pero no lo es. Falsa religiosidad, simulación de piedad y fariseísmo guardan la apariencia de lo espiritual precisamente allí donde el Espíritu está ausente porque se ha hecho un trueque con el invasor para evitar problemas.

LA PUERTA HERMOSA

Nadie podría imaginar mejor nombre para la puerta de un templo: hermosa. En América Latina, lamentablemente, son muy pocas las que pueden llamarse así, pues las grandes misiones extranjeras minusvaloraron el sentido de magnificencia propio de los edificios religiosos para dar énfasis a lo meramente espiritual, y racionalizaron el uso de los recursos en necesidades más básicas, propias de la evangelización.

Al consolidarse las iglesias locales, los pastores nativos siguieron la costumbre para no traicionar las sacrosantas tradiciones que habían heredado.

Sin discutir el valor de las prioridades, a veces se recalca excesivamente el hecho obvio de que la iglesia no consiste de estructuras materiales sino de piedras espirituales; y, por ello, los templos evangélicos de la región lucen, en general, como simples bodegas sin atractivos ornamentales, algunas francamente antiestéticas y sucias, que causan repulsa a las personas normales, habituadas a juzgar lo relacionado con el culto a Dios como algo naturalmente espléndido.

No se trata de que todos nos dediquemos a construir majestuosas «Catedrales de Cristal», para mencionar el caso obvio; pero sería deseable un mínimo de decoro y buen gusto en el diseño de los templos cristianos. Otro tanto puede pedirse respecto al atuendo personal de quienes suben a los altares, que es, a veces, demasiado informal; no es necesario que usen alzacuello, capas y estolas en todos los casos, pero no es bueno que echen en olvido el valor de los signos y los símbolos en ceremonias importantes, porque la semiótica ha jugado siempre un papel preponderante en la profesión religiosa.

Respuesta inmediata. Al margen de tales consideraciones, el templo de Jerusalén era célebre por su magnificencia, tanto en los tiempos de Salomón como en los de Herodes el Grande, y se distinguía por sus colosales y preciosas puertas. Una de ellas, precisamente la llamada Hermosa, es un símbolo cabal de lo que debería ser toda puerta de un templo cristiano: una entrada a la libertad. Resulta significativo, a propósito, el episodio que nos narra la Biblia, ocurrido en los días iniciales de la iglesia.

> «Un día subían Pedro y Juan al templo a las tres de la tarde, que es la hora de la oración. Junto a la puerta llamada Hermosa había un hombre lisiado de

> nacimiento, al que todos los días dejaban allí para que pidiera limosna a los que entraban en el templo. Cuando éste vio que Pedro y Juan estaban por entrar, les pidió limosna» (Hechos 3:1,3).

A la puerta del templo se deposita la necesidad humana, cualquiera que ella sea. El hombre sufriente, acosado por su problema sin solución, extiende sus manos hacia los siervos de Dios, esperando una limosna, algo que lo ayude en sus carencias.

> «Pedro, con Juan, mirándolo fijamente, le dijo: —¡Míranos! El hombre fijó en ellos la mirada, esperando recibir algo. No tengo plata ni oro —declaró Pedro—, pero lo que tengo te doy. En el nombre de Jesucristo de Nazaret, ¡levántate y anda! Y tomándolo por la mano derecha, lo levantó. Al instante los pies y los tobillos del hombre cobraron fuerza» (Hechos 3:4-7).

La obligación de todo pastor genuino es dar una respuesta inmediata. Pedro y Juan no invitan a aquel lisiado a que participe en el grupo de oración, no esperan a la hora de la Cena del Señor para orar por él, no le exigen que se registre como miembro de la congregación; sin pérdida de tiempo ponen su fe en acción y desatan el poder de Dios.

> «De un salto se puso en pie y comenzó a caminar. Luego entró con ellos en el templo con sus propios pies, saltando y alabando a Dios. Cuando todo el pueblo lo vio caminar y alabar a Dios, lo reconocieron como el mismo hombre que acostumbraba pedir limosna sentado junto a la puerta llamada Hermosa, y se llenaron de admiración y asombro por lo que le había ocurrido» (Hechos 3:8-10).

El resultado de tal proceder es contundente: el hombre recibe la respuesta divina a su necesidad; sorprendido, alaba a Dios con saltos de alegría; y, como consecuencia de testimonio tan sorprendente, los circunstantes celebran la obvia eficacia de la fe. Ahí tenemos el solucionismo cristiano en plena actividad y demostración. Una inanidad religiosa paralizante mantiene hoy a muchos grupos evangélicos en la situación preliminar de aquel lisiado.

UNA PUERTA ENTREABIERTA

Sería labor interminable y un poco tonta intentar la minuciosa descripción, o tan siquiera enumeración, de todas las puertas del templo mencionadas por la Biblia. El propósito de este libro no es agotar el tema, pues nadie agota jamás un tema bíblico; lo que el autor busca es utilizar el obvio simbolismo de las principales puertas mencionadas por las Sagradas Escrituras, para especular sobre temas que deben discutirse dentro del actualismo inherente a la teología integral. Uno de ellos es el muy espinoso de la relación iglesia-estado, todavía traumática pese a la secularización globalizada.

En Europa el divorcio entre lo político y lo religioso se ha llevado al extremo inconsecuente de negar la validez de la herencia cristiana propia de la sociedad europea y borrar el nombre de Dios de todo pronunciamiento oficial. En América Latina, pese a avances indiscutibles como el de Colombia, aún subsisten nocivas uniones iglesia-estado en países donde el catolicismo romano ejerce un monopolio espiritual inexcusable. Las clases dominantes de la región, en su inmensa mayoría, están formadas por personajes que fueron educados en instituciones católicas de fuerte acento tridentino y dedican grandes esfuerzos políticos y económicos al sostén de ese sistema religioso en detrimento de todos los demás.

En los Estados Unidos, donde ha existido desde siempre la más radical separación iglesia-estado, se han visto casos lamentables: la prohibición de orar en las escuelas públicas, el retiro de una representación de Los Diez Mandamientos del frontis de una Corte de Justicia, la demanda al reverendo Franklyn Graham —hijo de Billy— por haber mencionado a Jesús en su plegaria durante el acto de posesión del presidente George W. Bush, y el reclamo que pide eliminar el nombre de Dios de todos los documentos oficiales, para citar solo algunos casos.

Obviamente, los Estados Unidos sin Dios solo serían la Unión Soviética. Los gobernantes del mundo de hoy, casi todos ateos o simplemente agnósticos, harían bien en examinar el caso escarmentador del llamado «paraíso comunista» que apenas fue un corto infierno de setenta años. No se olvide que el protestantismo es el promotor de la tolerancia; en Estados Unidos la instituyeron los viejos cuáqueros y, gracias principalmente a sus esfuerzos, las libertades de conciencia y de culto se enraizaron en los orígenes mismos de la nación.

Política y religión. Sin embargo, no puede llegarse al extremo de exigirles indiferencia religiosa a los ciudadanos que ejercen autoridad, pues ello sería tanto como negarles un derecho que ellos mismos deben garantizar a sus gobernados. Es, por lo tanto, irrelevante la crítica que se le ha hecho al señor Bush por sus fuertes convicciones cristianas; cosa que no se hizo, por ejemplo, con el católico John Kennedy, único presidente no protestante de la historia norteamericana hasta el momento.

Como quiera que sea, resulta nocivo el contubernio entre la política y la religión, tan arraigado en las sociedades católicas, y que ahora tiene su expresión más preocupante y abierta entre los musulmanes; ellos son realistas y no se van por las ramas en cuanto a que el Islam es, a la par de un sistema religioso, una organización política que coloca al estado en calidad de siervo de Alá, de acuerdo a claras normas del Corán. La sociedad global del siglo XXI deberá hacerle frente a esta cruda realidad que, con su lastre de fanatismo medieval, llega al extremo de entrenar en sofisticados actos de terror a futuros y voluntarios mártires de su sagrada causa.

En el mundo debería buscarse un sano equilibrio entre las libertades religiosas y la supervivencia de la Civilización Cristiana, pues es ésta, cabalmente la única que puede garantizar aquellas. La relación entre democracia estable y cristianismo es un fenómeno inocultable. Una civilización islámica, o hinduista, o simplemente agnóstica, no podría sustentar ese tipo de garantías legales, sino probablemente las eliminaría.

Lo ideal, por lo tanto, es lograr la elección de mandatarios cristianos que abran las puertas de la libertad religiosa a los militantes de todas las otras confesiones, cosa que tal vez no harían mandatarios pertenecientes a otros sistemas espirituales respecto a los cristianos. Ello ocurre en muchos lugares hoy en día. La puerta de conexión entre la religión y la política no debe permanecer ni de par en par ni cerrada, solamente entreabierta. Hay que cristianizar la política sin politizar el cristianismo.

LA PUERTA DE LOS CIMIENTOS

En la agitada historia del pueblo de Dios es particularmente llamativa la biografía de Joás. Raptado de niño para librarlo de las maquinaciones de la perversa regente Atalía, es objeto de cálidas adhesiones por parte de los levitas y los jefes de las familias de Israel, que viajan de los cuatro puntos cardinales del país hasta Jerusalén:

> «Allí toda la asamblea reunida en el templo de Dios hizo un pacto con el rey. Joyadá les dijo: Aquí tienen al hijo del rey. El es quien debe reinar, tal como lo prometió el SEÑOR a los descendientes de David. Así que hagan lo siguiente: una tercera parte de ustedes,

> los sacerdotes y levitas que estén de servicio el sábado, hará la guardia en las puertas; otra tercera parte permanecerá en el palacio real, y la tercera parte restante ocupará la puerta de los Cimientos, mientras que todo el pueblo estará en los atrios del templo» (2 Crónicas 23:3-5).

Obsérvese el preciso simbolismo del nombre de esta puerta en particular. Puerta de los Cimientos significa: no permitiremos que el reino se derrumbe, lo colocaremos sobre la roca. El joven Joás permaneció por seis años escondido en el templo, cerca del altar, custodiado las veinticuatro horas del día por levitas armados cuya guardia principal ocupaba, precisamente, la Puerta de los Cimientos.

LA PUERTA SUPERIOR

La historia relata, además, cómo el sacerdote Joyadá dirige un motín popular; Atalía es apresada, expulsada del palacio y ultimada junto a la Puerta de la Caballería; el santuario del dios Baal es destruido; se colocan guardias en las puertas del templo de Dios para impedir el paso de quienes no se hayan purificado, y la muchedumbre jubilosa saca al joven monarca de su reclusión, pone la corona sobre su cabeza y lo conduce hasta el regio palacio a través de una puerta especial:

> «Acto seguido, Joyadá, acompañado de los capitanes, los nobles, los gobernadores y todo el pueblo, llevó al rey desde el templo del SEÑOR hasta el palacio real, pasando por la puerta superior, y sentaron a Joás en el trono real» (2 Crónicas 23:20).

Aquí encontramos una conexión pocas veces mencionada en las Escrituras entre el trono y el altar: una puerta que le permite al soberano ir y venir del templo al palacio y del palacio al templo en forma expedita. La Puerta Superior es significativo nombre y magnífica ilustración de lo que debería ser la vida de todo gobernante: un continuo oscilar entre su devoción por Dios y sus deberes políticos y administrativos. Algunos piensan que tal es el caso de George W. Bush, quien ha narrado públicamente su testimonio de conversión, al pasar de alcohólico compulsivo a cristiano convencido. Antes de su escogencia como candidato a la nominación presidencial, sostuvo un diálogo con el evangelista tejano James Robison, a quien le habló de una fuerte premonición que por entonces tenía: los Estados Unidos iban a sufrir un duro golpe y se necesitaba un creyente al comando de la nación.

Una de las críticas más severas que se le han hecho es por haber ubicado en la cúspide donde se toman las más grandes decisiones a cristianos militantes: el Secretario de Estado Colin Powell, reputado como hombre devoto; el Fiscal General John Ashcroff, antiguo maestro de Escuela Dominical de su iglesia e hijo de uno de los más conocidos líderes pentecostales del país; el Secretario de Defensa Donald Runsfeld, un austero presbiteriano; y la Asesora de Seguridad Nacional, Condolessa Rice, quien ofició un servicio religioso dominical en el Air Force US-1, ante la imposibilidad de que el presidente y quienes con él viajaban pudieran concurrir a algún templo.

Es paradójico que en la sociedad protestante por antonomasia haya quienes critiquen a sus gobernantes por ser cristianos auténticos. A veces se confunden los conceptos de imparcialidad y neutralidad; un cristiano tiene la obligación perentoria de ser imparcial, pero de ninguna manera puede ser neutral.

Puertas virtuales. Aún en la vida ordinaria de las personas, es necesario que exista la Puerta Superior, a través de la cual nos conectamos con la Fuente de Poder para actuar correctamente como lo que somos: siervos de Dios, obligados a cumplir sus instrucciones. Por desgracia, las únicas puertas de templos que conocen hoy muchas personas son las de la jaula y la perrera, donde moran sus dioses zoológicos. O bien, las puertas virtuales de Internet por donde los demonios entran y salen a sus anchas. Clic.

Siempre me ha llamado la atención el uso, en las redes cibernéticas, de la palabra *icono*, de tan fuerte connotación religiosa. Es indudable que muchos cibernautas son idólatras virtuales; y, por eso, se percibe hoy frente a este fenómeno una reacción fanática cristiana similar a la de los antiguos iconoclastas, que se dedicaron a derribar e incendiar a los ídolos materiales, en vez de ocuparse en el combate de los espirituales.

Los cristianos deberían invadir agresivamente el ciberespacio, donde Satanás construye con ladrillos virtuales su templo de maldad: negocios turbios, falsas religiones, abuso infantil, terrorismo, drogadicción, pornografía. ¿Por qué no edificar allí la *ciberiglesia* como un edificio virtual pero ensamblado de piedras espirituales? ¿No es, acaso, la cruz el icono indestructible?

Capítulo 4

LAS PUERTAS DE LA CASA

Postigo

«Él refuerza los cerrojos de tus puertas y bendice a los que en ti habitan» (Salmo 147:13).

El sistema de seguridad de mi casa es electrónico: si alguien fuerza la puerta sin conocer la clave de desactivación, dispara automáticamente una alarma que, captada en la central, moviliza en cortos minutos al sheriff y los oficiales de policía, y el intruso se queda sin escapatoria. Por cierto, mi inexperiencia en el procedimiento, unida a mi proverbial torpeza en tales menesteres, produjo un día la movilización de las autoridades y una explicable desazón en el vecindario.

La casa del creyente posee un sistema de seguridad similar al descrito; de tal manera que, si el enemigo intenta violar la puerta, se dispara una gran alarma en el mundo espiritual y los oficiales de la policía divina, que son los ángeles, acuden de inmediato a solucionar la anómala situación. La única forma como un demonio puede penetrar a la casa de un creyente es si se le abre la puerta desde adentro. Muchos lo hacen con frecuente imprudencia; pero, en general, los justos y sensatos adquieren la póliza de seguro contra asalto y robo y así garantizan la protección de Dios sobre sus casas.

LA PUERTA DE LOT

Una magnífica ilustración de lo que venimos afirmando puede hallarse en el sugerente relato de los sucesos anteriores a la destrucción de Sodoma y Gomorra, en el cual ángeles en forma de hombres hacen un gran trabajo de protección a la puerta de la casa patriarcal:

> «Aún no se habían acostado cuando los hombres de la ciudad de Sodoma rodearon la casa. Todo el pueblo sin excepción, tanto jóvenes como ancianos, estaba allí presente. Llamaron a Lot y le dijeron:
> —¿Dónde están los hombres que vinieron a pasar la noche en tu casa? ¡Échalos afuera! ¡Queremos acostarnos con ellos! Lot salió a la puerta y, cerrándola detrás de sí, les dijo:
> —Por favor, amigos míos, no cometan tal perversidad. Tengo dos hijas que todavía son vírgenes; voy a traérselas para que hagan con ellas lo que les plazca, pero a estos hombres no les hagan nada, pues han venido a hospedarse bajo mi techo.
> —¡Quítate de ahí! le contestaron, y añadieron—: Este ni siquiera es de aquí, y ahora nos quiere mandar. ¡Pues ahora te vamos a tratar peor que a ellos! Entonces se lanzaron contra Lot y se acercaron a la

> puerta con intenciones de derribarla. Pero los dos hombres extendieron los brazos, metieron a Lot en la casa y cerraron la puerta. Luego, a los jóvenes y ancianos que se agolparon contra la puerta de la casa, los dejaron ciegos, de modo que ya no podían encontrar la puerta» (Génesis 19:4-11).

El apóstol Pedro nos informa la razón por la cual Lot recibe tan privilegiado tratamiento: él clamaba por la ciudad pecadora. ¡Qué buen negocio es la intercesión! Algunos creyentes de hoy, por el contrario, se especializan en orar negativamente por las ciudades pidiendo que descienda sobre ellas el fuego devorador del cielo. En las iglesias evangélicas abundan hoy mismo Jacobos y Juanes, a quienes el Señor reprenda (Lucas 9: 54). En los últimos tiempos se han desarrollado algunos métodos de oración contrarios al espíritu cristiano, que predica con amor la necesidad del arrepentimiento y, en forma simultánea, clama por los pecadores, como lo hacía, precisamente, Lot.

> «Por otra parte, libró al justo Lot, que se hallaba abrumado por la vida desenfrenada de esos perversos, pues este justo, que convivía con ellos y amaba el bien, día tras día sentía que se le despedazaba el alma por las obras inicuas que veía y oía» (2 Pedro 2:7,8).

Lamentablemente, muchas casas de hoy parecen *saloons* del oeste americano, con portezuelas de vaivén por donde entran a viva fuerza los pistoleros y salen los cadáveres expulsados hacia la calle.

LAS PUERTAS MARCADAS CON SANGRE

Otra palmaria demostración de la forma como el Señor protege a sus hijos está descrita en el minucioso relato del

Éxodo, cuando Moisés recibe instrucciones sobre la institución de la Pascua. Al ordenar el sacrificio del cordero, se da una consigna misteriosa, quizás disparatada a criterio de quienes la recibieron:

> «Tomarán luego un poco de sangre y la untarán en los dos postes y en el dintel de la puerta de la casa donde coman el cordero» (Éxodo 12:7).

Luego de explayarse en detalles sobre el adobo *kosher* de la carne y la liturgia de la pascua, el Señor explica a Moisés que está pronto a desatar un juicio sobre Egipto y sus dioses, pero quiere proteger de la matanza a los israelitas. ¿Cómo lo hará? ¡Por medio de la sangre! Desde tiempos tan remotos, Dios tenía prevista la sangre de un cordero como medio de salvar las vidas. En el análisis de las Sagradas Escrituras es indispensable desentrañar el valor de los símbolos, como lo enseñó el incomprendido y desvirtuado Bultmann. Moisés convoca al pueblo y repite las instrucciones divinas:

> «Tomen luego un manojo de hisopo, mójenlo en la sangre recogida en la palangana, unten de sangre el dintel y los dos postes de la puerta, ¡y no salga ninguno de ustedes de su casa hasta la mañana siguiente! Cuando el Señor pase por el país para herir de muerte a los egipcios, verá la sangre en el dintel y en los postes de la puerta y pasará de largo por esa casa. No permitirá el Señor que el ángel exterminador entre en las casas de ustedes y los hiera» (Éxodo 12:22,23).

En la postmodernidad, los hijos de Dios hemos de hacer lo mismo que los antiguos israelitas: marcar con la sangre del Cordero de Dios los dinteles de nuestras puertas para garantizar completa protección. Las fuerzas exterminadoras pasarán de largo, los demonios temblarán y cambiarán rápidamente de rumbo ante la visión de esa sangre bendita que los ha vencido al producir la remisión de nuestros pecados

PUERTA DE ORACIÓN

Toda casa tiene, al menos, una puerta principal y algunas otras accesorias: hacia el exterior se ha vuelto común la puerta del garaje; dentro de la casa misma hay puertas de los dormitorios, de la cocina, del comedor, del jardín, del estudio, etc. Desde luego, la última tendencia que se percibe en las casas americanas es, más bien, a eliminar puertas e integrar espacios en un todo armónico que permite a los miembros de la familia dedicarse cada uno a lo suyo con independencia y, al mismo tiempo, estar en contacto permanente con todos los demás: la madre en la cocina, el padre en el estudio, el niño frente a la televisión, la niña con sus muñecas, y los abuelos chocheando en el jardín, son varias individualidades interpoladas en la unidad hogareña.

Sin embargo, hay puertas esenciales que a nadie se le ocurriría eliminar; por ejemplo y en primer lugar, las de los dormitorios. La alcoba es reducto de la intimidad más entrañable, sea individual o de pareja. No hay un lugar del mundo donde uno sea más uno mismo que ese aposento. Allí nos despojamos de la solemnidad; allí nos desperezamos a regusto y podemos bostezar a plenitud; allí soñamos —dormidos y despiertos— con la complicidad de ese confidente mudo que es la almohada; ¡allí nos desnudamos! No existe un rincón del universo donde un hombre y una mujer que se aman sean tan una sola carne como en su dormitorio.

Cada día me convenzo más de que Jesús todo lo hizo y dijo bajo cálculos exactos; y porque él sabía que donde más somos lo que somos es en nuestra alcoba, la instituyó como recinto de oración. Es como si Dios dijera al hombre: quiero que te desnudes ante Mí a través de la oración en ese reducto donde no te puedes ocultar de tu pareja, ni aún de ti mismo.

> «Cuando oren, no sean como los hipócritas, porque a ellos les encanta orar de pie en las sinagogas y en las esquinas de las plazas para que la gente los vea. Les aseguro que ya han obtenido toda su recompensa. Pero tú, cuando te pongas a orar, entra en tu cuarto, cierra la puerta y ora a tu Padre, que esta en lo secreto. Así tu Padre, que ve lo que se hace en secreto, te recompensara» (Mateo 6:5,6).

Entra en tu cuarto, dice, no en un cuarto cualquiera; y añade: cierra la puerta. Vas a conversar conmigo en intimidad y confianza. La puerta del cuarto se abre para entrar a la oración, pero se cierra cuando ella comienza y hasta su finalización. Hoy se enseña abundantemente sobre oración, cada maestro del tema ha ideado un método especial y muchos convierten tan precioso instrumento de la relación con el Padre Celestial en un simple legalismo más de una lista que ya se hace interminable.

PUERTA DE EMERGENCIA

Hay escuelas de oración que enseñan vocabulario, entonación y duración de las plegarias; otras enfatizan la oración comunitaria; no pocas recalcan exageradamente los elementos de «guerra espiritual» que la oración contiene; pero escasean las que se preocupan por enseñar el valor de la oración personal, a solas con el Señor, en la intimidad de un recinto que puede ser físico o simplemente virtual. No es mi intención —y creo que tampoco fue la de Jesús— convertir las alcobas en santuarios exclusivos y excluyentes para la práctica de la oración.

El recinto más íntimo no es, por cierto, la alcoba, sino el corazón: La Biblia no llama corazón al simple músculo que bombea la sangre a todo el cuerpo, sino al ser esencial del hombre; el corazón es lo que tú eres cubierto por lo que pareces ser en tu humana hipocresía. Esa «morada interior», que dijera Teresa de Jesús; esa *katalima mou*, como el texto griego la llama algunas veces, es el verdadero cuarto privado a donde Jesús anhela que te retires a hablar con el Padre en oración.

Lástima que cristianos de hoy, en muy buen número, hayan hecho de la oración una simple puerta de emergencia para salir de apuros. Cada vez que se encienden las alarmas de incendio, terremoto, huracán, inundación o terrorismo, corren presurosos a cruzar la puerta de la necesidad de afán, para huir de la catástrofe. Muy pocos hoy velan y oran como corresponde.

LA PUERTA DEL AMOR

Por ser un avanzado discípulo de Charles Darwin, el doctor Sigmund Freud cometió el despropósito de reducir al hombre a la escala zoológica en materia de sexualidad; pero aportó un serio interés por el componente erótico de la personalidad humana, que la ciencia y la religión habían descuidado hasta extremos inconsecuentes.

El cristianismo de hoy debe desechar viejos mitos y tabúes sobre el sexo si no quiere que siga creciendo en forma exponencial la epidemia de pornografía que invade al planeta. El mejor camino para salirle al paso a esta plaga de perfiles apocalípticos es entender el erotismo como un canal de bendición de Dios a la pareja humana. Por cierto, las Sagradas Escrituras hablan de la Puerta del Amor. Veamos un ejemplo:

> «Yo dormía, pero mi corazón velaba. ¡Y oí una voz! ¡Mi amado estaba a la puerta! "Hermana, amada mía; preciosa paloma mía, ¡déjame entrar! Mi cabeza está empapada de rocío; la humedad de la noche corre por mi pelo". Ya me he quitado la ropa; ¡como

> volver a vestirme! Ya me he lavado los pies; ¡como ensuciarlos de nuevo! Mi amado pasó la mano por la abertura del cerrojo; ¡se estremecieron mis entrañas al sentirlo! Me levanté y le abrí a mi amado; ¡gotas de mirra corrían por mis manos! ¡Se deslizaban entre mis dedos y caían sobre la aldaba! Le abrí a mi amado, pero ya no estaba allí. Se había marchado, y tras su voz se fue mi alma. Lo busqué, y no lo hallé. Lo llamé, y no me respondió» (Cantares 5:2-6).

Poética descripción de una oportunidad perdida para el amor, en la cual la puerta y sus accesorios juegan un papel clave. El amado está a la puerta y llama. Tiene prisa. Pasa su mano por el cerrojo. La amada tiembla de ansiedad. Corre a abrir, desliza sus dedos sobre la aldaba, pero ¡frustración!, él ya se ha ido. Los místicos que hallaron en este libro un tratado simbólico del amor de Cristo y la Iglesia acertaron en su apreciación, pero muchos de ellos dejaron trunco el mensaje. San Pablo se encarga de redondear el tema cuando afirma que la unión de un hombre y una mujer en el plano natural es solo una representación a nuestro alcance de lo que ocurre en el plano sobrenatural, donde Jesucristo es el marido y la iglesia es su esposa.

> «Por eso dejará el hombre a su padre y a su madre, y se unirá a su esposa, y los dos llegarán a ser un solo cuerpo. Esto es un misterio profundo; yo me refiero a Cristo y a la iglesia» (Efesios 5:31,32).

Por haber desaconsejado, o prohibido radicalmente, la lectura del Cantar de los Cantares, nuestra juventud ha buscado refugio en libros truculentos sobre el tema, como el tan popular *Kamasutra* hinduista, que autoriza toda suerte de aberraciones porque lo único que le importa es el cumplimiento del karma. No se puede proseguir con la descabellada idea de que el Todopoderoso les prohíbe al hombre y la mujer emplear las hormonas que les ha dado como parte de su dotación natural; solo hay que enfatizar que Dios reglamenta todo cuanto crea, incluso el sexo; y que, en sus normas, tal ejercicio está limitado a la monogamia, dentro del santo matrimonio, que es exclusivamente heterosexual.

PUERTA DE HOSPITALIDAD

Un tío-abuelo, mitad extremeño y mitad toscano, que se había encargado de mi crianza desde cuando quedé huérfano de madre a corta edad, mantenía siempre abierta la puerta de su casa en una aldea del sur de Colombia, pero nadie se atrevía a entrar sin llamar previamente con la aldaba. Lo que ahora llaman inseguridad ciudadana era fenómeno desconocido en tan idílicos tiempos.

Cuando se iniciaba mi pubertad, me causó impacto que el tío-padre adquiriera la manía de cerrar la puerta de su casa y colocarle armellas, fallebas y trancas en forma prolija. Las cosas estaban empezando a cambiar después de la segunda guerra, ciertamente; pero la respuesta que aquel patriarca me diera sobre por qué razón ahora tomaba tantas medidas de protección me pareció indescifrable:

—Vea, mijo, es que, según la Biblia, una de las señales de que ha llegado la vejez, es que se cierran las puertas.

Solo pude desentrañar tan enigmática frase cuando me aficioné a leer las Sagradas Escrituras, ya bien avanzada mi madurez; es Salomón quien así lo afirma, en la conclusión de Eclesiastés, el libro existencialista por antonomasia. Aquel viejo aldeano de vida austera solía citar versículos con fluidez, pues había adquirido desde temprana edad la rutina de leer la Biblia; lo hacía en la traducción de la Vulgata del padre Felipe Scio de San Miguel, editada en 1870, que conservo entre los tesoros de mi biblioteca. La Nueva Versión internacional lo dice así:

«Se irán cerrando las puertas de la calle, ira disminuyendo el ruido del molino, las aves elevaran su canto, pero apagados se oirán sus trinos» (Eclesiastés 12:4).

Pan y vino. Por influencia de aquel padre-tío-abuelo (era las tres cosas a la vez para mí) aprendí desde niño melodías y letras de canciones muy antiguas, especialmente españolas, italianas y portuguesas. Trozos de zarzuelas, tarantelas y fados se escuchaban casi a diario en mi hogar, gracias a un viejo gramófono de la RCA Víctor con el perro asomado a la corneta. Por otra parte, mis primeros años de trabajo como comunicador social y periodista transcurrieron en el ambiente cordial y bohemio de las estaciones de radio, en una época de globalización de la música popular, a través de los grandes festivales de la canción, como Benidorm y San Remo.

Ello me puso en contacto con el cancionero mundial que era, por entonces, muy rico y sugestivo, con una verdadera eclosión de compositores y cantantes, entre los cuales brillaba con luz propia la portuguesa Amalia Rodrigues, de grandes ojos mediterráneos y voz aterciopelada. Ella interpretaba un fado coloquial que describía bien la condición humana de sus coterráneos. Una casa portuguesa, título de tal canción, decía —cito de memoria:

«Una casa portuguesa es un edén,
pan y vino hay en la mesa;
si a sus puertas alguien llama con desdén,
lo reciben con nobleza».

Que haya vino y pan sobre la mesa no es un detalle insignificante, pues bien sabemos lo que entrañan esos dos productos del esfuerzo humano aprobado por Dios: el cuerpo y la sangre de Jesucristo. ¿Cuántos siglos hace que Melquisedec, a la puerta de Salem, recibió a Abraham con pan y vino en señal de bendición? (Génesis 13). La hospitalidad es característica de los buenos creyentes y en la antigüedad se practicaba en forma natural. El patriarca Job, cuando asume su defensa ante los amigos molestos que lo visitan para increparlo, destaca precisamente la práctica de esa virtud como una constante de su vida personal:

> «Jamás mis puertas se cerraron al viajero; jamás un extraño pasó la noche en la calle» (Job 31:32).

¿Huéspedes o intrusos? En los tiempos que corren ya no hay casas de puertas desplegadas, como las de Job y la bella canción lusitana. La hospitalidad es cada día más escasa en un mundo donde reinan el egoísmo y la desconfianza, y abrir las puertas del hogar al prójimo se ha convertido en un riesgo que pocas personas están dispuestas a correr. No es para menos, si tomamos en cuenta que hoy en día, muchos logreros se aprovechan de la bondad con que se los recibe para cometer toda clase de desmanes: traiciones amorosas, sustracción de dineros, invasión de los espacios de privacidad, etc.

Dentro del cristianismo evangélico se ha vuelto muy común que individuos recién convertidos decidan vivir a expensas de los hermanos de la iglesia, con el pretexto de que necesitan apoyo en su nuevo caminar. Casi siempre, los dueños de la casa que abre sus puertas a ese tipo de personas, terminan enredados en problemas que no les competen y sacando la cara por situaciones ajenas a ellos mismos y sus actividades.

Personalmente fui víctima de tales abusos al comienzo de mi vida cristiana, en mi primer amor por Cristo; y, también, cuando abrí mis puertas a predicadores itinerantes que reclamaban lo que se conoce como «cama pentecostal», y luego salían a criticar mi forma de orar, o la hora de mi desayuno, o cualquier otro aspecto de mi vida privada que no les incumbía pero que, en su ilustrado concepto, mostraba fallas en la conducta de un siervo de Dios.

Para evitar esta clase de problemas, sin faltar a la hospitalidad, es preferible surtir los fondos económicos necesarios en cada caso y no permitir en los hogares sino la presencia de personas confiables, amistosas y leales. Los anglosajones, que son pragmáticos, han optado por dejar la satisfacción de las carencias del prójimo en manos de instituciones a las que apoyan económicamente con liberalidad. El Ejército de Salvación es un ejemplo de esta práctica.

LA PUERTA DEL COMEDOR

La hospitalidad no consiste exclusivamente en acoger bajo el propio techo al extranjero, la viuda y el desamparado, como se cree por lo común, aunque ello pueda hacerse en algunos casos. La hospitalidad es, más que nada, una actitud cordial y compasiva que nos lleva a hacer propia la necesidad ajena y buscar la forma de solucionarla por todos los medios a nuestro alcance. Muchos abren las puertas físicas de su morada pero cierran y trancan por dentro las del alma con cierta hostilidad que se encubre bajo falsas apariencias de misericordia.

Durante el siglo XX el crecimiento incontrolado de la población hizo necesario que se creara la nueva profesión del relacionista público, encargado de organizar los agasajos, los cócteles, las cenas, enviar las flores en los cumpleaños y, en general, realizar el trabajo frívolo pero indispensable de las empresas hacia sus clientes y relacionados para mantener su buena imagen. Estas costumbres fueron eliminando casi del todo las reuniones sociales en las casas y esa bella forma de hospitalidad que es compartir la mesa. Hoy hasta para presentarte el plan de salvación te invitan a un restaurante.

Doy gracias a Dios que, en ese aspecto, disfruto con frecuencia la camaradería de dilectos hermanos y amigos, alrededor de los exquisitos platos que mi esposa prepara con deleite. He conocido varias decisiones por Cristo que se hicieron bajo esas circunstancias. Así, por ejemplo, diseñamos con Esteban Fernández, Luciano Jaramillo y Antonio Cruz, el seminario «Cristianismo Siglo XXI, los nuevos retos», que pudo penetrar el ambiente secular de la prestigiosa Universidad de Miami con un mensaje de erudición cristiana pocas veces visto dentro del estilo evangélico latino.

Jesús realizó buena parte de su labor didáctica en el ambiente *gourmet* de los banquetes a los que asistía de buen grado a las mesas de pecadores que desplegaban de par en par las puertas —de sus casas y, sobre todo, de sus corazones— para darle entrada a Alguien que, en realidad, se la daría a ellos en forma definitiva. Tal el caso, por citar uno bien popular, del pequeño Zaqueo, que recibió así la buena noticia:

> «Hoy ha llegado la salvación a esta casa —les dijo Jesús—, ya que éste también es hijo de Abraham. Porque el Hijo del hombre vino a buscar y a salvar lo que se había perdido» (Lucas 19:9,10).

Más adelante, en el desarrollo de este libro, nos ocuparemos extensamente de esa hospitalidad espiritual que nos permite, cual Zaqueos, recibir jubilosos a Cristo en nuestra casa para siempre. Al fin y al cabo, Zaqueo solo fue, hace dos mil años, un portavoz del inconsciente colectivo. Todo hombre es un Zaqueo, pequeño y ansioso. Dicho en términos claros y directos, somos un Zaqueo corporativo.

Ese enano con ínfulas de gigante que es el Zaqueo postmoderno, rico pero miserable, encaramado al árbol de su orgullo, debe bajar de prisa, ir a casa, ordenar el menú, buscar en la cava el mejor vino, y desplegar la puerta de la hospitalidad para la visita del Huésped Eterno.

Capítulo 5

LAS PUERTAS DEL ENEMIGO

Candado

«¡Él hace añicos las puertas de bronce y rompe en mil pedazos las barras de hierro!» (Salmo 107:17).

Una de las escenas bíblicas más impactantes es aquella en la cual Sansón, hombre de conducta erótica desordenada, pernocta en la ciudad filistea de Gaza con una ramera, en tanto sus enemigos aguardan a que llegue la aurora para capturarlo. Con su primitiva astucia, este *Terminator* israelita se levanta mediando la noche y ejecuta una de sus más aplaudidas hazañas:

> «Un día Sansón fue a Gaza, donde vio una prostituta. Entonces entró para pasar la noche con ella. Al pueblo de Gaza se le anunció: "¡Sansón ha venido aquí!" Así que rodearon el lugar y toda la noche estuvieron al acecho junto a la puerta de la ciudad. Se quedaron quietos durante toda la noche diciéndose: "Lo mataremos al amanecer". Pero Sansón estuvo acostado allí hasta la medianoche; luego se levantó y arrancó las puertas de la entrada de la ciudad, junto con sus dos postes, con cerrojo y todo. Se las echó al hombro y las llevó a la cima del monte que está frente a Hebrón» (Jueces 16:1,3).

En aquella época nada había más vulnerable que una ciudad sin puertas, pues ello la hacía sensible al ataque invasor; por lo tanto, despojar de sus puertas a Gaza, símbolo urbano de los filisteos, era humillar su orgullo nacional, desguarnecerlos, dejarlos en estado de completa desprotección. Mucho se ha especulado sobre el famoso héroe israelita, a quien algunos consideran un simple mito, equivalente al Hércules grecorromano que hizo de las suyas en España. Hay una diferencia de fondo: a Sansón nadie lo ha deificado, ni siquiera a medias; no es dios, ni semidiós.

La desmitologización de las Sagradas Escrituras, propuesta por ciertos discípulos de Bultmann, tiene tanto de largo como de ancho. Evidentemente algunos relatos antiguos deben interpretarse de manera simbólica; pero resulta exagerado y, también, peligroso, reducir a la categoría de simples mitos todos los episodios milagrosos de la Biblia, pues ello es tanto como negarle a Dios su capacidad intrínseca para alterar el curso de la naturaleza y de la historia a través de sucesos que escapan al humano entendimiento. Si Dios fuera incapaz de hacer milagros, sencillamente dejaría de ser Dios, y ya no podríamos confiar en él. Eso es exactamente lo que el ateísmo desea.

No deben literalizarse narraciones hazañosas como las relativas a Sansón, sino desentrañar de ellas su maravilloso simbolismo. Yo no me atrevería a sostener, por ejemplo, que la asombrosa fuerza física de este coloso dependiera de su larga melena y que, al serle rasurada, él se hubiera sumido en un estado de debilidad. Lo que entiendo, y creo no ser ilógico al hacerlo, es que la cabellera frondosa era un signo exterior de su voto interior de nazareo; y que, al renunciar a este, Sansón perdió su formidable fortaleza.

Por lo tanto, recortarle el cabello solo fue una muestra visible de lo que había ocurrido en lo invisible de su corazón; pero es ilógico pensar que alguien pueda perder su fuerza espiritual, y aun la física, por el hecho simple de cortarse el pelo. Aunque, por supuesto, todavía quedan grupos en los cuales la espiritualidad de las mujeres se mide por el largo de sus cabellos. El episodio de Sansón y las puertas, como quiera que se lo mire, tiene un rico significado en el contexto de la guerra espiritual: derribar las puertas del enemigo.

LAS PUERTAS DEL REINO DE LA MUERTE

Jesucristo habla del reino de la muerte como de una ciudad amurallada y, por lo tanto, dotada de puertas que la iglesia cristiana tiene la facultad y la obligación de echar por tierra. Es muy precisa su indicación en tal sentido, dada solemnemente en el evangelio:

> «Yo te digo que tú eres Pedro, y sobre esta piedra edificaré mi iglesia, y las puertas del reino de la muerte no prevalecerán contra ella» (Mateo 16:18).

No encaja en el propósito de este libro explicar lo que todo el mundo sabe sobre el verdadero sentido del pasaje citado, en el cual Pedro no actúa como persona sino en representación de todos los creyentes, que somos un Pedro corporativo, como lo he dicho otras veces. Lo que llama la atención aquí es que Jesucristo pone ante su iglesia el reto de que avance en victoria contra las puertas enemigas, en vez de permanecer estática y pasiva a la espera de un ataque sobre su propia ciudad, como el que deplorara Jeremías.

> «No creían los reyes de la tierra, ni tampoco los habitantes del mundo, que los enemigos y adversarios de Jerusalén cruzarían alguna vez sus puertas» (Lamentaciones 4:12).

A veces da la impresión de que los cristianos son un ejército victorioso dormido sobre los laureles, dedicado al ocio infecundo o sumido en profundo hedonismo, engañado por una falsa seguridad, víctima de una paz aparente, que ha disminuido los niveles de alerta, con la guardia baja y las espadas envainadas, en una iglesia-cuartel de francachelas y liviandades, y que haría bien en escuchar a Nahúm cuando amonesta a Nínive:

> «Mira, al enfrentarse al enemigo tus tropas se portan como mujeres. Las puertas de tu país quedarán abiertas de par en par, porque el fuego consumirá sus cerrojos» (Nahum 3:13).

En otros casos, los cristianos parecen un ejército en acuartelamiento de primer grado, a la espera de que los escuadrones de las tinieblas ataquen contra sus muros para responder en forma medida, como ahorrando energías, para lograr una retirada parcial de las malignas huestes. Sin embargo, el propósito del Comandante Celestial es que se marche con valor en contra de las legiones adversas, se acometa contra sus defensas y se invadan sus territorios.

La iniciativa bélica no debería ser de Satanás y sus soldados, como parece serlo hoy en día; la idea es que ellos permanezcan arrinconados ante el arrojo y la eficacia táctica y estratégica de los escuadrones del Señor. La luz está llamada a hacer retroceder a las tinieblas; no, como algunos piensan, a replegarse ante ellas.

Digamos, marginalmente, que es un poco tonta la discusión de algunos sobre la expresión «de la muerte», empleada por la NVI, en vez de «puertas del Hades» que usara Reina Valera. Las dos versiones dicen exactamente lo mismo, ya que Hades es la palabra griega equivalente de la hebrea Seol, y ambas traducen «reino de la muerte»; aunque, por otra parte, la etimología de tales términos indica que Seol significa «insaciable», en tanto Hades, más bien, «invisible». Si el reino de la muerte es, por igual, insaciable e invisible, ¿dónde radica el conflicto?

PUERTA DE LA TENTACIÓN

El enemigo despliega ante nuestros ojos una gran variedad de puertas, como en los distritos rojos de las grandes ciudades se anuncian con efectos de neón las atracciones: casinos, burdeles, bares *gay*, expendios de drogas, cine rojo, *striptease*; y, también, quiromancia, tarot, carta astral, regresiones, etc. Las puertas de la tentación nunca se cierran: permanecen entreabiertas cuando no desplegadas de par en par.

Curiosamente, los jóvenes disolutos que frecuentan las discotecas de hoy las han puesto el adecuado nombre de «antros». En la entraña siniestra de tales establecimientos comerciales hay un ambiente enrarecido, tanto físico como moral: las tinieblas lo rigen todo, interrumpidas por fogonazos de videocámaras y luces fluorescentes; la nube tóxica está cargada por humo de cigarrillos y alucinógenos vaporizantes; Eros y Baco, tomados de la mano, serpentean entre las mesas y las parejas de bailarines. Todo ello es obvio, sin tapujos ni máscaras.

Hay otras puertas peligrosas aunque no lo parezcan tanto: el adulterio es una que suele estar camuflada, como las portezuelas de escape escondidas tras anaqueles de libros, y que hacen de estos, cómplices inocentes de salidas hacia galerías que desembocan en escondrijos insospechados. Pese al franco descaro con que actúa la gente postmoderna, el adulterio sigue siendo, más bien, sigiloso y secreto, pero siempre letal. Y, por eso, Salomón le encarece a su hijo:

> «Pues bien, hijo mío, préstame atención y no te apartes de mis consejos. Aléjate de la adúltera; no te acerques a la puerta de su casa» (Proverbios 5:7,8).

Enamorarse de alguien que no es el propio cónyuge, o del cónyuge ajeno, es la tentación más terrible por la que puede atravesar un hijo de Dios y nadie está exento de esa prueba de fuego que consume las entrañas. Muchos buenos ministros del evangelio vieron arrasadas sus familias y destruidas sus iglesias por cruzar las puertas del adulterio al caer en los brazos de alguna beata de alma insaciable, como hay tantas por ahí, ofreciéndose en las puertas:

> «La mujer necia es escandalosa, frívola y desvergonzada. Se sienta a las puertas de su casa, sienta sus reales en lo más alto de la ciudad, y llama a los que van por el camino, a los que no se apartan de su senda. ¡Vengan conmigo, inexpertos! —dice a los faltos de juicio—. ¡Las aguas robadas saben a gloria! ¡El pan sabe a miel si se come a escondidas! Pero éstos ignoran que allí está la muerte, que sus invitados caen al fondo de la fosa» (Proverbios 9:13-18).

Adulterio y muerte. La Biblia vincula este pecado con la muerte. El adúltero, aun cuando no fallezca físicamente —cosa que también suele ocurrir— experimenta varias formas de deceso: ve morir el amor, la paz del corazón, el equilibrio de la mente, la solidez social, la sonrisa de los labios; mata la confianza, asesina la seguridad de otra persona, y la de terceros; y muere un poco él mismo. Su relación con Dios se llena de sobresaltos y temores: si es un creyente, se observa sucio en el implacable espejo de la conciencia; si no lo es, sufre la impresión de que su distancia de Dios crece años-luz; incluso si es un ateo, siente que el piso se le desintegra debajo de los pies.

Algunos invocan el famoso adulterio de David con Betsabé, como si la inclusión de hecho tan escabroso en las páginas de la Biblia justificara la comisión de tal pecado; y, si bien es cierto que Dios perdona a cualquier adúltero que se arrepienta de corazón, como lo hicieron los personajes bíblicos mencionados, no deben olvidarse las horribles consecuencias que de tal locura se derivaron: el fallecimiento del niño concebido por el pecado; la violación incestuosa de Tamar por Amnón y la muerte de este a manos de Absalón; la sedición del último y su trágico deceso; y toda una cadena de guerras, pestes, hambrunas y calamidades a granel.

LAS PUERTAS DEL INFIERNO

No existe un tema de más vasta motivación artística que el infierno. Músicos, pintores, poetas y escultores han intentado descifrar en símbolos al alcance del humano entendimiento esa realidad sobrenatural reconocida, en una u otra forma, por todas las religiones, tanto las embrionarias antediluvianas como las surgidas de ellas después del diluvio en la meseta central del Asia, y que fueron extendiéndose paulatinamente al mundo entero. Los acadios, caldeos, sumerios y babilonios; al igual que los cananeos, persas, egipcios, cretenses y griegos, hasta llegar a Roma, abrigaban ideas similares al respecto.

Ni qué decir de los israelitas, de quienes el cristianismo ha heredado esa doctrina, no solamente confirmada en toda la línea, sino esclarecida por Jesucristo, el Gran Totalizador. Es cierto que el modernismo, con su carga de razón y lógica, amortiguó la creencia en un lugar de castigo eterno para los pecadores irredentos. Incluso un teólogo tan brillante como Jurgen Moltmann, que acertó en otros aspectos, ha llegado al extremo de afirmar: Creo que hay infierno, pero estoy seguro que no hay nadie en él. (Quiera Dios librarlo de alguna comprobación personal).

Ortodoxia. Ante la imposibilidad de describir un lugar como el infierno, muchos han optado por decir que se trata, más bien, de un estado espiritual que consiste en permanecer separado de Dios por toda la eternidad. Algunos, como los rosacruces y los teósofos, han preferido un infierno transitorio, muy similar al concepto del purgatorio, donde los espíritus desencarnados permanecen durante algunos eones en el fuego purificador, antes de trascender a un estrato evolutivo superior en su camino hacia la perfección divina, según estas particulares creencias. Los budistas piensan que todos, finalmente, serán sumergidos en el Nirvana, que es un volver a la nada absoluta.

Los adventistas, por su parte, promueven la doctrina de la aniquilación, según la cual, los malos dejarán de ser para siempre al final de los tiempos. Alguien ha dicho, a propósito, que no habría dificultades en el entendimiento de otros grupos con los adventistas, si se reconociera que estos aceptan el conjunto general de doctrinas que se conoce como ortodoxia cristiana, menos la de un infierno eterno; y que, al fin y al cabo, ningún cristiano debe preocuparse por tal asunto puesto que, de ninguna manera, iría al infierno ni sería aniquilado, según fuere el caso.

Se dice, además, que los minuciosos legalismos de los adventistas no se diferencian mayormente de los de muchos grupos evangélicos que se ubican dentro de la llamada sana doctrina, con excepción del reconocimiento al sábado como día de reposo y adoración al Señor. Con grupos así algunos sectores mantienen un diálogo constructivo sobre las diferencias.

> «Hay quien considera que un día tiene más importancia que otro, pero hay quien considera iguales todos los días. Cada uno debe estar firme en sus propias opiniones. El que le da importancia especial a cierto día, lo hace para el Señor. El que come de todo, come para el Señor, y lo demuestra dándole gracias a Dios; y el que no come, para el Señor se abstiene, y también da gracias a Dios» (Romanos 14:5,6).

Quienes creemos en la existencia real del infierno tenemos fijo en nuestro disco duro el icono de una ciudad con murallas y puertas; pero no deberíamos especular sobre las características que pueda tener, sino centrarnos en su realidad, claramente afirmada en las Sagradas Escrituras. Con todo, resulta interesante observar algunos esfuerzos teológicos y artísticos por acercarse al tema. Pido licencia para destacar los que personalmente me han causado mayor impacto.

LA PUERTA QUE HABLA

La colosal obra de Dante, La Divina Comedia, describe al infierno como un torbellino de tinieblas que tiene forma de cono invertido y hierve en continua ebullición debajo de la corteza de la tierra, en la parte del hemisferio boreal habitada por el hombre, hacia abajo y hacia el centro del planeta, que es el núcleo de la oscuridad, el punto del universo más alejado de la luz, es decir, de Dios. Allí hay una ciudad cuya puerta habla en primera persona, como si realmente lo fuera, a través de esta inscripción:

> «Por mí se llega a la ciudad del llanto;
> Por mí a los reinos de la eterna pena,
> Y a los que sufren inmortal quebranto.

Dictó mi Autor su fallo justiciero,
Y me creó con su poder divino,
Su supremo saber y amor primero.

Y como no hay en mí fin ni mudanza,
Nada fue antes que yo, sino lo eterno…
Renunciad para siempre a la esperanza».

Por cierto, Dante coloca en aquel lugar, entre indecibles tormentos, a algunos de sus enemigos personales y políticos. De forma similar, el espíritu de juicio que a veces se apodera de grupos cristianos condena a las tinieblas infernales a todo el que tropiece y caiga; o bien, a quienquiera que no comparta particulares opiniones sobre determinadas materias.

LA PUERTA DE LA LOCURA

El escritor August Strindberg produjo su libro *El Infierno* hallándose bajo estado de perturbación mental, pues padecía la tara paranoica que se conoce como delirio de persecución, agravada por el constante abuso de bebidas alcohólicas. A menudo pensaba en supuestos enemigos, tales como su médico polaco y el famoso pintor E. Munch, que —según sus temores— querían matarlo con electricidad o gas, o llevarlo a un manicomio. Con motivo del doloroso divorcio de su mujer, la pintora austriaca Frieda Uhl, su mal se agravó y él estuvo varias veces al borde del suicidio, al sentirse perseguido por fuerzas sobrenaturales.

Se aficionó a los temas religiosos y profundizó en los libros de Job y Jeremías, pero tuvo un desvío hacia el budismo, que es el gran justificador de todas las locuras; y, finalmente, cayó en el ocultismo a través del sueco Swedenborg, cuya obra *Arcanos Celestes* parecía darle explicación lógica a sus sufrimientos. Se dedicó a combatir los avances de la ciencia moderna y llegó a creerse dotado de una fuerza mágica capaz de matar a seres humanos y animales. ¡Estaba realmente loco!

El Infierno de Strindberg ha sido presentado por la psiquiatría como prueba de una dolencia mental; sin embargo, algunos comentaristas cristianos han pretendido hallar en este caso una verdadera posesión demoníaca. La frontera que separa lo psíquico de lo espiritual es tan delgada que muchos la cruzan de ida y vuelta sin darse cuenta de lo que hacen. Las puertas del infierno no están lejos, se abren a diario delante de nuestras propias narices, aquí mismo en la tierra.

PUERTAS LITERARIAS

Sería cuento de nunca acabar la enumeración de todas las obras artísticas y literarias que se han ocupado del infierno. El popular escritor Henri Barbusse concibe su novela *El Infierno*, plagiando un poco al profeta Ezequiel, cuando descubre una grieta en la pared que le permite ver, sin que nadie lo vea, lo que ocurre en dos habitaciones vecinas. De esta manera conoce la conducta íntima de personas que le son desconocidas pero cuyas acciones le permiten hacer una descripción sintética de la vida humana con sus contrastes: amores, litigios, reflexiones, intrigas, escándalos, envidias, etc. Su conclusión es deprimente: el infierno se encuentra aquí mismo, en el planeta donde vivimos.

En el cruce exacto de los siglos XIX y XX, Barbusse fue un predecesor de esa esfinge existencialista-surrealista-comunista de nombre Jean-Paul Sastre, quien afirmó, haciendo gala de su característico desenfado: «El infierno son los otros». Pocas veces ha conocido la historia del pensamiento humano un caso de egoísmo y falta de caridad tan enorme. Quien juzga que el prójimo es el infierno, ha de tener un infierno en su corazón.

No puedo dejar de mencionar *El Infierno de los Enamorados*, del Marqués de Santillana, un poema con elementos hasta cierto punto similares a la Divina Comedia, en el cual el poeta confiesa haber perdido su libertad por causa de una mujer, y acepta la invitación que se le hace para conocer la mansión de los condenados, «un alcázar bien murado», donde puede ver, al cruzar la puerta, a los amantes célebres de la historia: París, Elena, Dido, Francesca de Rimini, etc, sometidos a tormentos indecibles. La conclusión del trovador gallego es simple: los enamorados viven en el infierno.

En mi adolescencia me impresionó vivamente el cuento titulado El *ascensor que descendió al Infierno*, del Premio Nobel danés Par Lagervitz, protestante por más señas y, para completar, discípulo de Soren Kierkegaard. En su relato, una pareja de potenciales y ansiosos adúlteros entra al elevador de un hotel para alcanzar el piso donde planea cometer su pecado.

Una vez cerrada la puerta, el aparato, ajeno a intentos humanos de detenerlo, desciende en forma vertiginosa durante no se sabe cuánto tiempo. De pronto, frena abruptamente, abre la puerta con estrépito y arroja a sus asustados pasajeros en el recibidor del infierno; cierra de nuevo su puerta con brusquedad, y sube a esperar en el *lobby* del hotel a otros pecadores en turno.

LA PUERTA INCONCLUSA

La Puerta del Infierno es una obra inconclusa del genial escultor francés Augusto Rodin, que le fuera encargada por el Museo de Artes Decorativas de París. Después de veinte años de ininterrumpido trabajo, el artista renunció a continuar con el ambicioso y monumental proyecto; ya que, al parecer, tuvo variadas y extrañas dificultades para plasmar grandes cuerpos estirándose hacia el espacio, en dolorosas contorsiones musculares, como imagen de la angustia producida por el eterno castigo. Algunos de sus fragmentos escultóricos se convirtieron en obras maestras de Rodin: *El Beso y la Danaide*, entre otros.

¿Quiénes van al infierno? Dios lo sabe. De seguro, innumerables hombres y mujeres menospreciados en la tierra irán al cielo, y muchas «buenas personas», según la óptica social, terminarán en el oprobioso exilio para siempre. Hay un chiste según el cual, tres pastores evangélicos se encuentran en el infierno y, como es lógico, dialogan a la búsqueda de explicaciones sobre la penosa realidad que viven.

El primero, de denominación calvinista, es muy directo:

—Estoy aquí por predestinación.

El segundo, arminiano, explica:

—Llevé una vida de perfecta santidad hasta el día en que una chica de formas voluptuosas, vestida con minifalda, entró al templo cuando yo predicaba; al verla, caí en un pecado de pensamiento y perdí la salvación porque morí de repente sin tiempo para arrepentirme.

Entre tanto, el tercero, que es pentecostal, permanece en silencio; y, al ser preguntado reiteradamente por sus consiervos sobre por qué extraña razón se halla en el infierno, responde:

—¿Cuál infierno? Yo, por fe, no estoy aquí.

Muchas personas de hoy en día se imaginan que lo real cambia si ellos lo niegan. El infierno, por supuesto, es una realidad espiritual invariable; pero, hablando en el plano terrenal, la idea de una negación solucionista proviene de la Ciencia Cristiana, una secta que enseña a enfrentar los problemas como si fueran simples ilusiones. La Biblia no dice tal cosa, sino que la oración de fe tiene poder para cambiar las realidades.

En todas sus operaciones milagrosas, Jesucristo siempre reconoció la realidad concreta del problema: una enfermedad, una tormenta, un demonio, etc., y en todos los casos, mencionó por sus nombres específicos a las anomalías que iba a corregir. La forma de derribar las puertas del enemigo no es negando su existencia, sino precisamente reconociéndola.

Capítulo 6

Las puertas humanas

Rejilla

«Son las puertas del Señor,
por las que entran los justos»
(Salmo 118:20).

Con el desarrollo del psicoanálisis que se dio a partir de Sigmund Freud, hubo un desbordado interés por incursionar en la intimidad del alma, es decir, la psiquis, prescindiendo de la esencia espiritual del ser humano. Una influencia darwiniana hizo que la psicología animalizara al hombre al juzgarlo como el eslabón más alto de la evolución zoológica, y las actividades científicas y artísticas se orientaron hacia lo psíquico, que es lo animal. *Anima* es la palabra latina equivalente de la griega *psyche.* Creer que el ser humano contenía un soplo divino —el espíritu, en griego *pneuma*— había pasado a la simple categoría de mito. Sin embargo, las audacias intelectuales del siglo XX fueron flor de un día; pues todo lo autónomo del hombre —eso que se entiende por humanismo— llega y pasa. Hoy los mitos son, precisamente, las teorías de Darwin, Freud y compañía limitada.

En el siglo XXI buscamos, a tontas y a ciegas, una puerta que nos lleve otra vez a la luz que perdimos durante cien años, un curioso período afectado, de una u otra forma, por la aludida y enfermiza línea de especulación. Los surrealistas, por ejemplo, desarrollaron sus tareas literarias y artísticas bajo la idea de que la realidad concreta debía marginarse para dar paso a la realidad abstracta; por eso, ellos no presentaban las cosas como son en la vida normal sino como ocurren en los sueños, no lo que el hombre muestra en la superficie de su conducta sino lo que imagina y siente en los laberintos de su psiquis.

Pese a todo, hay que reconocer que la Biblia es, a veces, un poco surrealista en su utilización de ciertos símbolos para ilustrar de forma natural lo sobrenatural, en una iniciativa de la Mente Divina, que es ilimitada, por bajar al limitado alcance de la mente humana. El surrealismo puede ser, entonces, un torpe intento del ser humano por transmitir lo intransmisible.

En ese orden de ideas, el hombre es presentado en las Sagradas Escrituras como un edificio dotado de puertas; la boca y el corazón, son los ejemplos más obvios. Como lo analizaremos a espacio algunas páginas después, hay un instante en que la eternidad parece congelarse en el tiempo: es cuando el Hijo de Dios se hace Hijo del Hombre. Ese misterio conmovedor por medio del cual es posible que un carpintero aldeano sea Dios mismo, sacraliza a la persona humana y la convierte en templo del Espíritu Santo, una casa viva dotada de puertas sensibles.

Ahora bien, Justino Mártir dijo con precisión que «el cuerpo es la casa del alma y el alma es la casa del espíritu». Muchos siglos después de tan exacta afirmación, los investigadores más avanzados de la psicología han concluido que el ser humano tiene un no se sabe qué en un no se sabe dónde, más allá de la psiquis; y varios de ellos —Viktor Frankl por ejemplo— han optado por considerar al hombre como una tricotomía; tal es cabalmente la idea bíblica según la cual todo nuestro ser es espíritu *(pneuma)*, alma *(psyche)* y cuerpo *(soma)*, tan claramente expuesta por San Pablo (1 Tesalonicenses 5:23). En tal orden de ideas, las puertas humanas son psicosomáticas y, también, espirituales. Intentaremos un análisis de las más evidentes.

LA PUERTA DE LA VISTA

El sentido sobresaliente del ser humano es la vista; por contraste, el perro, que solo ve en blanco y negro, huele y oye paisajes de olores y sonidos. Cuando una mujer tiene un parto se dice que ha dado a luz. Los sentidos corporales están así supeditados al de la vista. Al hablar de un nacimiento, a nadie se le ocurre decir que la nueva criatura oyó, gustó, olió o palpó; todo el mundo dice que vio. ¿Qué vio? ¡La luz! Ver la luz es nacer. Por lo tanto, los ojos son la puerta de la vida natural. La segunda cosa que hace un recién nacido, después de ver, es llorar. Se llora también con los ojos. Los ojos son puertas de entrada de la imagen y puertas de salida de las lágrimas.

El ser humano tiene, pues superdesarrollado el sentido de la vista; la palabra iris define por igual la gama de los colores del espectro y la membrana circular del ojo humano que los percibe. Para la Biblia, por otra parte, el espíritu también tiene ojos para distinguir los matices de lo sobrenatural; por eso, tener ojos y no ver es ceguera espiritual. La importancia de esta puerta es remarcada por Jesús en el Sermón del Monte:

«El ojo es la lámpara del cuerpo. Por tanto, si tu visión clara, todo tu ser disfrutará de la luz. Pero si tu visión está nublada, todo tu ser estará en oscuridad. Si la luz que hay en ti es oscuridad, ¡que densa será esa oscuridad!» (Mateo 6:22,23).

Algunos han tomado esta escritura como base para justificar el llamado «diagnóstico por el iris», sobre el cual vale la pena hacer algunas precisiones. Es indiscutible, y cualquier médico lo puede confirmar, que el aspecto del iris ocular revela el estado general de los órganos internos del cuerpo humano; así mismo, ciertas características de las palmas de las manos, y aún de la lengua, pueden indicar algunos síntomas. Cosa distinta es pasar de lo científico a lo mágico y utilizar el iris o las palmas de las manos como objetos de adivinación. No sé si alguien lo hará con la lengua; pero, como van las cosas, no tardará en aparecer la «linguomancia». Satanás es, a veces, tan cómico...

Existen testimonios de ciegos ilustres, es cierto; Homero y Milton ponen muy en alto que tal limitación no es un obstáculo para el desarrollo de la persona humana; con todo, en la normalidad de las cosas, el sentido de la vista es primordial. Los griegos decían, por ejemplo, que la belleza está en el ojo del que la ve. El hombre que abre esta puerta recibe visitas directas a su mundo interior; y, por eso, Satanás ha creado una cultura de la imagen, en la cual, el *homo videns* de la postmodernidad es invadido, a través de los ojos, por una continua procesión de imágenes intrusas. Las imágenes suelen conducir a la idolatría; por el auge del video, la sociedad actual es idólatra en grado superlativo.

LA PUERTA DEL OIDO

Algunas puertas del ser humano cumplen las dos funciones propias de casi todas: sirven para entrar y para salir. Los ojos, por ejemplo, se abren para recibir algo que interiorizan, pero también se abren para dar algo que exteriorizan. Uno puede ver el corazón de una persona asomado a sus ojos. Algo similar ocurre con la boca: sirve para que entren alimentos y salgan esperpentos. El oído, en cambio, es una puerta que solo dice *enter*, nunca *exit*. Por las orejas nada sale. Solo un poco de cerumen.

Satanás es experto en sonidos, no solo en ruidos; las palabras y la música forman la primera línea dentro de sus actividades favoritas. Es fácil observar que lo primero que hace en el Edén para inaugurar su gran recurso, la tentación, es hablarle a Eva, tocarle el sentido auditivo. No la tienta por el tacto, la vista, el olfato ni el gusto; lo hace por el oído, deslizando allí frases persuasivas:

> «La serpiente era más astuta que todos los animales del campo que Dios el SEÑOR había hecho, así que le preguntó a la mujer:
> —¿Es verdad que Dios les dijo que no comieran de ningún árbol del jardín?» (Génesis 3:1).

Ya enredada Eva por la trampa de lo que oye, el engañador avanza en su ataque demoledor de las defensas humanas; si logra que la madre de todos los vivientes no cierre la puerta del oído, su tarea será fácil. Hoy ocurre exactamente lo mismo, pues las mujeres actuales, como las de todas las épocas, tienen incorporado el ADN de la madre Eva. Y los hombres también, por supuesto; ellos son hijos de las mujeres.

> «Pero la serpiente le dijo a la mujer:
> —¡No es cierto, no van a morir! Dios sabe muy bien que, cuando coman de ese árbol, se les abrirán los ojos y llegarán a ser como Dios, conocedores del bien y del mal». (Génesis 3:4).

Al desplegarse de par en par las orejas, que son las abras de la puerta del oído, las otras puertas del ser humano se franquean con facilidad, una a una, en una progresión casi siempre inevitable. En el debut del pecado sobre la tierra ocurrió de esa manera, mientras la serpiente se retorcía de satisfacción en el árbol maldito:

> «La mujer vio que el fruto del árbol era bueno para comer, y que tenía buen aspecto y era deseable para adquirir sabiduría, así que tomó de su fruto y comió. Luego le dio a su esposo, y también él comió» (Génesis 3:6).

Cuando ya ha oído, la mujer ve como bueno el fruto del árbol prohibido (vista); percibe que es deseable (olfato); lo toma en sus manos (tacto); y, finalmente, lo come (gusto). Las puertas sensitivas de los sentidos se han abierto automáticamente después de que ella dio oídos a las palabras sugerentes del tentador. «A palabras necias oídos sordos», dicen con mucho retraso los abuelos españoles en su refranero. ¡Oh, si la madre Eva hubiese sido sorda!

La fe entra por la puerta del oído cuando la abrimos a la Palabra de Dios; pero, por desgracia, no hay peor sordo que el que no quiere oír. Entre tanto, el viejo publicista del Edén posee hoy medios sofisticados para que la gente conjugue el verbo oír: música estridente, ofertas comerciales ilusorias, discursos políticos y sermones religiosos hacen parte del menú auditivo que ensordece a los compulsivos compradores de este tiempo. Ellos, como buenos hijos de Eva, abren su puerta del sonido ingenuamente y, por ella, dejan campo abierto a la autodestrucción.

No obstante, en medio del ruido ensordecedor de la postmodernidad, que enferma los cuerpos y enloquece las almas, se percibe una voz suave y persuasiva que habla del amor y la alegría, la salud y la paz, la bondad y la compasión, la fe y la esperanza, el perdón y la armonía. Se destaca entre todas las voces chillonas que pretenden ahogarla, porque es la voz de Dios; solo que utiliza unos labios humanos, resecos de sed: los de un nazareno llamado Jesús, quien termina su disertación, desde el púlpito de una barca, a la orilla de un lago, en la ladera de un pequeño monte, con esta simple muletilla: «El que tenga oídos para oír, que oiga».

LA PUERTA DEL TACTO

Los llamados órganos de los sentidos no son exclusivamente puertas corporales o somáticas; aunque están hechas de materiales físicos, abren sensaciones psíquicas. Su función es franquear la entrada del cuerpo al alma, ya que el cuerpo, por sí solo, nada puede sentir, como nada siente el polvo de la tierra, del cual ha sido formado. Por eso los cadáveres no sienten. Es el alma la que hace sensitivos a los órganos corporales. Cuando yo veo una imagen, huelo un efluvio, oigo un sonido, gusto un sabor o palpo una textura, mis terminales nerviosas llevan la información al cerebro, órgano del alma, que la envía a la emoción, para que esta la devuelva al cuerpo transformada en sensaciones.

El sentido del tacto es una puerta hipersensible, como ocurre con las de algunos modernos establecimientos, que se abren o cierran por el simple calor humano de quien entra o sale por ellas. No hace falta oler, gustar, oír ni ver alguna cosa para definirla por el tacto; cuando se toca, la sensación emite el código respectivo. Es bien sabido que los invidentes pueden ver lo que palpan. Sus dedos son sus ojos.

La puerta del tacto es inmensa pues abarca toda la piel, pero las manos son su sensor primario. En la tentación inaugural, la madre Eva sabe intuitivamente que tocar el árbol del conocimiento del bien y del mal será fatal; su primer argumento ante el tentador habla bien a las claras, cuando ya quizás las yemas de sus dedos se estremecen y sudan levemente:

> «Podemos comer del fruto de todos los árboles —respondió la mujer—. Pero, en cuanto al fruto del árbol que está en medio del jardín, Dios nos ha dicho: "No coman de ese árbol, ni lo toquen; de los contrario, morirán"» (Génesis 3:2,3).

En el misterio del amor erótico las caricias son algo indescriptible; en ellas el sentido del tacto juega el papel protagónico. La fricción externa produce fruición interna, en una emoción gratificante. La piel es una puerta de entrada y salida: en la primera función introduce mensajes que producen unidad intelecto-afecto; en la segunda, expulsa malos humores por medio del sudor, el acné y otras defensas.

Tacto y unción. En contexto espiritual, el tacto es el sentido de la unción: el aceite —que es un mero símbolo— se unta con las manos para que el poder sobrenatural pueda fluir. En las Sagradas Escrituras se afirma y demuestra que ser tocado por el ungido produce efectos reales de liberación y sanidad, como en el caso del leproso que implora por su limpieza ante Jesús:

> «Movido a compasión, Jesús extendió la mano y tocó al hombre, diciéndole: —Sí quiero. ¡Queda limpio! Al instante se le quitó la lepra y quedó sano. Jesús lo despidió en seguida…» (Marcos 1:41,42).

De igual manera, la propia Biblia habla del tacto como puerta de sanidad y liberación cuando se toca al ungido del Señor, o alguna de sus prendas personales; tal fue el caso cuando Jesús hizo una gira por las costas de Sidón y Tiro, rodeado de una enorme multitud no solo de los contornos sino de toda Judea, que se arremolinaba nerviosamente a su alrededor:

> «Así que toda la gente procuraba tocarlo, porque de él salía poder que sanaba a todos» (Lucas 6:19).

Deplorablemente, en los últimos años se ha extendido una epidemia de dadores de unción, que incurren en no pocas exageraciones. Algunos, tomando como pretexto el hecho de que Eliseo recogiera el manto físico de Elías, entregan sus chaquetas como una herencia para sus hijos espirituales; estos, a su vez, colocan la prenda impregnada de unción, según creen, sobre enfermos y endemoniados para librarlos de tales azotes. No pocos sostienen que la unción —o lo que ellos llaman así— se transmite por contagio, como la influenza; y hay quienes distribuyen revistas impregnadas de sus emanaciones que deben colocarse sobre la parte afectada del cuerpo para obtener su sanidad. A los tales francamente les falta mucho tacto en el sentido simple y llano de la palabra.

LA PUERTA DEL OLFATO

La nariz fue la puerta de entrada de la vida conciente al ser humano. Dios, que había creado a todos los animales le da al ser humano algo que lo diferencia radicalmente de todas las especies zoológicas:

> «Y Dios el SEÑOR formó al hombre del polvo de la tierra, y sopló en su nariz hálito de vida, y el hombre se convirtió en un ser viviente» (Génesis 2:7).

El Señor no sopló en los animales irracionales que se llaman así, precisamente, porque carecen de ese atributo que le permite a su amo planetario diferenciar el bien del mal, poseer conciencia, uso de razón y capacidad para comunicarse con el Creador. En su incesante inspiración-expiración, la nariz es la puerta de entrada del oxígeno que vitaliza el organismo físico del hombre y la puerta de escape del gas carbónico que lo puede intoxicar. Así mismo, la nariz es la puerta doble por la que entran los olores y salen las flemas; por eso los pañuelos, prendas directamente conectadas con la nariz, cumplen dos funciones, ambas de limpieza: sonarse para expulsar las materias malignas y taparse para no percibir los hedores molestos.

Si una persona es lista se dice que tiene buen olfato; por eso, en lo espiritual, el olfato se llama discernimiento, esa capacidad de distinguir, como por instinto, los aromas del cielo de las miasmas del infierno. Pablo menciona el tema:

> «Porque para Dios nosotros somos el aroma de Cristo entre los que se salvan y entre los que se pierden. Para éstos somos olor de muerte que los lleva a la muerte; para aquéllos, olor de vida que los lleva a la vida. ¿Y quién es competente para semejante tarea?» (2 Corintios 2:15,16).

La perfumería es, por igual, industria y arte. Dos caballeros con la misma colonia, o dos damas con idéntica loción, no huelen igual; al entrar en contacto con el humor de cada persona, una fragancia se particulariza, se hace única, especialmente en la química sexual, que produce las feronomas. Desde tiempos inmemoriales el sentido del olfato ha jugado papel preponderante en la feminidad que es, en sí misma, el aroma del amor humano:

> «Ahora bien, para poder presentarse ante el rey, una joven tenía que completar los doce meses de tratamiento de belleza prescritos: seis meses con aceite de mirra, y seis con perfumes y cosméticos» (Ester 2:12).

Hoy, por desdicha, hay una aromaterapia supersticiosa, promovida principalmente por la Nueva Era, a la cual se le da un carácter religioso. En el Cantar de los Cantares, tratado de erotismo matrimonial, los olores envuelven el ambiente romántico:

> «Sus mejillas son como lechos de bálsamo, como cultivos de aromáticas hierbas. Sus labios son azucenas por las que fluye mirra» (Cantares 5:13).

El olor de los seres queridos rodea el medio familiar; los padres distinguen bien a cada hijo por su efluvio individual. Dígalo, si no, el viejo Isaac que, ya ciego, pudo ver oliendo cosas con la nariz cuando Jacob se acercó a él para robar la bendición de su hermano:

> «Jacob se acercó y lo besó. Cuando Isaac olió su ropa, lo bendijo con estas palabras: El olor de mi hijo es como el de un campo bendecido por el SEÑOR. Que Dios te conceda el rocío del cielo; que de la riqueza de la tierra te dé trigo y vino en abundancia» (Génesis 27:27,28).

La astucia de Jacob fue impregnarse del olor de la caza, característica de Esaú. Muchos engañadores se aseguran de oler a lo que no son para conseguir sus fines, y quienes carecen de discernimiento —es decir, de olfato— caen fácilmente en sus trampas. Hay otros que se infiltran en las iglesias a ejercer una función nasal ingrata que se llama husmear, con sus narices de perro cazador detectan algo y, de inmediato, ladran para divulgarlo. Algunos de estos oficiosos oledores sufren de hidrofobia, como sus congéneres caninos, y hasta la contagian a quienes se dejan morder por ellos.

El cristianismo no es un lugar desapacible, saturado de olores desagradables, como algunos parecen pensar. En él, por el contrario, la puerta de la nariz se abre hacia un bosque impregnado de aromas de flores y árboles frutales, donde los seres humanos huelen a limpieza, es decir, a santidad.

Cuando el hombre cesa de oler, cesa de vivir. Lo que hace que un cadáver empiece a serlo, no es que deja de ver, gustar, palpar u oír, sino que deja de respirar. La nariz es el primero de los órganos de los sentidos que suspende sus funciones —respiración y olfato—; y, cuando lo hace, desactiva automáticamente a los otros. El poeta José Asunción Silva, en su poema Lázaro, al describir la resurrección, menciona ordenadamente los órganos de los sentidos: nariz, ojos, manos, orejas y boca:

> «...intentó caminar a pasos trémulos;
> olió, miró, palpó, oyó, dio un grito
> y lloró de contento».

Por la nariz entra la vida en la primera inspiración; y por ella sale, en la última expiración. Por eso se dice, cuando alguien muere, que ha expirado. Respirar y oler es vivir. Expirar es morir.

LA PUERTA DE LOS LABIOS

La boca humana cumple dos funciones: hablar y comer. Palabra y sabor. Los alimentos son bocados que entran; los vocablos, bocados que salen. En general la gente se preocupa más por lo que engulle que por lo que expulsa a través de la puerta de los labios; pero Jesucristo puso las prioridades en orden, como siempre:

> «¿No se dan cuenta de que todo lo que entra en la boca va al estómago y después se echa en la letrina? Pero lo que sale de la boca viene del corazón y contamina a la persona. Porque del corazón salen los malos pensamientos, los homicidios, los adulterios, la inmoralidad sexual, los robos, los falsos testimonios y las calumnias. Estas son las cosas que contaminan a la persona, y no el comer sin lavarse las manos» (Mateo 15:17,20).

Mucho se ha hablado (sic) sobre el poder de la lengua, que crea bajo Dios y destruye bajo Satanás. Baste y sobre con saber que la Palabra de Dios se ha manifestado bajo tres formas: Objetivamente, a través de la naturaleza, la Palabra creada; sistemáticamente, por medio de la Biblia, la Palabra escrita; vitalmente, en la persona de Jesucristo, la Palabra Humanada.

Glosolalia. El propio Verbo de Dios realizó todos sus milagros con el empleo de órdenes orales: Habló al viento y al mar para calmar la tempestad; habló a los demonios para ordenarles soltar a las personas poseídas; habló a los cadáveres para traerlos de nuevo a esta vida; habló a la higuera para esterilizarla; habló al paralítico para ponerlo en movimiento, etc. Nunca Jesús hizo nada sin utilizar palabras; ni el simple pensamiento, ni la telepatía, ni la meditación fueron sus medios. Solo la palabra, siempre la palabra.

Por otro lado, algunos investigadores afirman que las palabras, originalmente, hacían parte de la magia; y, aún hoy día, en medio de los avances científicos y tecnológicos en materia de lenguaje, especialmente de los estructuralistas, hay sistemas religiosos que centran su poder en las palabras. Los hinduistas, por ejemplo, usan los *mamtrams*, fonemas sagrados que, según ellos, abren puertas naturales hacia el mundo sobrenatural.

Tales creencias son caricaturas del legítimo don de lenguas de la iglesia cristiana, que ha sido objeto de exageraciones y abusos, pese a que San Pablo lo define y reglamenta con claridad meridiana en los capítulos 12, 13 y 14 de la primera Epístola a los Corintios. Personalmente, estoy convencido de que la presencia del Espíritu Santo en mi vida no depende del don de lenguas, aunque lo poseo en forma real; y me preocupa seriamente la glosolalia compulsiva y sin sentido que algunos practican, tan contraria a las instrucciones del apóstol sistematizador de la doctrina cristiana:

> «Así que, si toda la iglesia se reúne y todos hablan en lenguas, y entran algunos que no entienden o no creen, ¿no dirán que ustedes están locos?» (1 Corintios 14:23).

En el diseño inteligente de Dios, el cuerpo del hombre en su área nutricional tiene dos puertas bien distintas: una se abre para recibir alimentos; otra, para expulsar excrementos. Bien podría decirse que el esfínter inferior es la puerta de las basuras. Ese proceso de la fábrica humana solo cambia cuando se presenta alguna anomalía estomacal y el bocado ingerido es devuelto en forma de vómito. En el caso de las palabras, por el contrario, las puertas de entrada son los ojos cuando se lee, y las orejas cuando se oye. Palabra escrita y palabra hablada tienen así acceso a la mente y, desde ella, al corazón.

Bendición y maldición. Las puertas de salida de la palabra son las manos cuando se escribe, y la lengua cuando se habla. Ahora bien, originalmente no había grafismos, pues estos fueron un desarrollo de la cultura; pero el hombre modulaba palabras desde el Edén, cuando Dios le entregó la facultad de convertir en frases sus pensamientos, exclusiva de nuestra especie entre todas las de la creación. Y, por lo tanto, la puerta esencial de la palabra es la lengua, que bien dice (bendice) y dice mal (maldice). El apóstol Santiago nos ha legado un maravilloso marco teórico sobre este asunto en el capítulo 3 de su epístola. Allí se leen cosas como esta:

> «También la lengua es un fuego, un mundo de maldad. Siendo uno de nuestros órganos, contamina todo el cuerpo y, encendida por el infierno, prende a su vez fuego a todo el curso de la vida» (Santiago 3:6).

Los neurólogos han descubierto que las palabras contribuyen a la salud o la alteran. El mundo actual se debate entre miserias porque siete mil millones de bocas sucias rodean al planeta de una logosfera negativa que poluciona el ambiente moral. Bien haríamos en apropiarnos de la encarecida petición del rey David, maestro número uno de alabanza y adoración:

> «SEÑOR, ponme en la boca un centinela; un guardia a la puerta de mis labios» (Salmo 141:3).

El autor del salmo sabe bien de qué habla: la boca es una puerta y necesita un guardián que no permita la salida de palabras necias, ofensivas o inoficiosas, pues de todas ellas daremos cuenta en el día del juicio; serán nuestras palabras las que nos condenen o nos justifiquen, según lo declara expresamente Aquel que es la Palabra encarnada en un hombre. El centinela en la puerta de los labios puede, adicionalmente, impedir la entrada de intrusos que busquen dañarnos; por ejemplo, alimentos tóxicos, bebidas alcohólicas o drogas, que causan estragos sobre la salud.

En la postmodernidad, gracias a Dios, hay investigaciones serias en materia de alimentación, que equilibran los hallazgos científicos con la dietética bíblica. No saber cuidar el templo del Espíritu Santo, que es el cuerpo humano, constituye una conducta irresponsable. No olvidemos que pecado es todo lo que nos hace daño.

Idolatría cavernícola. La idolatría más ramplona es aquella que representa los ídolos internos en imágenes externas, captables por los órganos de los sentidos, que son primordialmente antropomorfos y animales, o una mezcla antropozoológica, tendencia general de hoy para visualizar a supuestos extraterrestres. Tales dioses son mostrados como capaces de ver, oír, palpar, oler y saborear; son seres visual-audio-táctil-olfato-sápidos.

El Gran Quiensabe, por contraste con quienes lo plagian, no tiene órganos de los sentidos, porque no tiene sentidos propiamente hablando; por eso no puede representarse en figura de hombre, como los ídolos a los que se les otorgan atributos físicos a la manera de sus fabricantes:

> «¿Por qué tienen que decirnos las naciones: ¿Dónde está tu Dios? Nuestro Dios está en los cielos y puede hacer lo que le parezca. Pero sus ídolos son de oro y plata, producto de manos humanas. Tienen boca, pero no pueden hablar; ojos, pero no pueden ver; tienen oídos, pero no pueden oír; nariz, pero no pueden oler; tienen manos, pero no pueden palpar; pies, pero no pueden andar; ¡ni un solo sonido emite su garganta! Semejantes a ellos son sus hacedores, y todos los que confían en ellos» (Salmo 115:2,8).

Solo simbólicamente puede hablarse de que Dios ve, oye, huele, gusta y palpa; él es espíritu, y los espíritus carecen de ojos, orejas, narices, lenguas y manos. La idea antropomorfa de Dios pertenece a la edad de las cavernas de la teología. Por desgracia, hay muchos teólogos cavernícolas que son como *cromagnones* supervivientes de una remota era de idolatría rupestre. Es lamentable que templos cristianos de hoy exhiban figuras como las que se conservan en las cuevas de Altamira.

LA PUERTA DEL CORAZON

El concepto tradicional de corazón fue gravemente dañado por el materialismo dogmático de la pasada centuria, que intentó circunscribirlo a un ariete físico para bombear la sangre a todos los rincones del cuerpo, a través de un acueducto formado por arterias, venas y vasos. Algunos interpretaron «El hombre unidimensional», de Herbert Marcusse, como la reducción del ser humano a una unidad material que produciría de sí misma, en sí misma y para sí misma todas las respuestas a sus necesidades.

En tal línea de argumentación, el pensar y el sentir son productos de un proceso químico, puramente material, y el músculo llamado corazón nada tiene que ver con sentimientos, sufrimientos ni presentimientos; el análisis de las reacciones que se producen en ese laboratorio que es el cuerpo humano, nos informa que, en realidad, amamos y odiamos con el hígado; y solo la estupidez de quienes creen a pie juntillas en los mitos bíblicos puede aceptar que el corazón juegue algún papel en nuestra vida, aparte del ya mencionado, que es meramente sanguíneo.

Para aumentar la consternación que tan «científicas» afirmaciones produjeran en el seno del cristianismo —y de las religiones en general— el cardiólogo sudafricano Christian Barnard realizaba el primer transplante de corazón, sin que los sentimientos del donante se transfirieran al receptor junto con el órgano donado, como habría sido lógico según la primitiva manera de pensar de la gente religiosa.

Sin embargo, en medio de las burlas, hubo voces cristianas eruditas que aclararon: lo que la Biblia llama corazón, si nos atenemos a la etimología del vocablo en sus idiomas originales, no es el músculo físico que así se denomina y que sufre mecánicas alteraciones de ritmo según el estado de ánimo de la persona, sino el ser esencial del hombre, aquello que él es en sí mismo; es decir, lo que los avanzados científicos identifican como ego, aquel reducto íntimo y entrañable donde cada individuo permanece agazapado en su propia identidad, donde no puede ser otra cosa que lo que es.

La nueva ola. Algunos comentaristas gastaron tinta y tiempo para corregirle la plana a las Sagradas Escrituras, tomando como base aparentes contradicciones con la lógica natural. Por ejemplo, preguntaron, ¿cómo es posible que la Biblia afirme que hay personas que tienen el corazón a la mano derecha? Es cierto que las traducciones realizadas en viejos tiempos, cuando la ciencia lingüística no se había desarrollado, eran literales y planas. Veamos el caso que nos ocupa:

> «El corazón del sabio está a su mano derecha, mas el corazón del necio a su mano izquierda» (Eclesiastés 10:2). RVR

La explicación es simple: en la cultura semítica lo correcto se identificaba con la derecha, lo anormal con la izquierda, debido a que los zurdos eran —aún hoy lo son— una rareza. La expresión empleada por Salomón es un modismo propio de su época, que no pretende dar una lección de anatomía ni mucho menos. Para evitar retorcidas interpretaciones es conveniente utilizar los modernos recursos de traducción que permiten transmitir el verdadero sentido de un pasaje difícil:

> «El corazón del sabio busca el bien, pero el del necio busca el mal» (Eclesiastés 10:2). NVI

Retomemos el hilo de nuestra idea inicial. La casa interior del hombre tiene una puerta: la puerta del corazón. El cantautor brasileño Roberto Carlos se declaró, en los comienzos de su carrera, un ferviente seguidor de Jesús de Nazaret; él compuso algunas canciones de orientación cristiana que tuvieron amplia repercusión entre militantes de la «nueva ola», nombre del movimiento juvenil más popular de los años sesenta. Fue él, precisamente, quien mejor definió lo que es un amigo, en una balada que todavía se oye por ahí, de vez en cuando:

> «Es tu corazón una casa de puertas abiertas».

Expresión que suena rara, anticuada, en un mundo postmoderno que ha devaluado la amistad como tantos otros valores. Es increíble que, solo treinta años atrás, los poetas y músicos jóvenes, voceros de su generación, fueran románticos, algo idealistas, en medio de una sociedad que, poco a poco, erosionaba sus fundamentos éticos. Hoy no hay amigos, apenas socios; casi en todos los casos, solo cómplices.

Piedra y carne. El corazón es un enigma. La Biblia le dedica vibrantes conceptos: el diluvio sobrevino porque el corazón de los cainitas solo abrigaba designios malvados. Moisés encarece a los israelitas que busquen al Señor con todo su corazón. Samuel declara que David será coronado como rey por ser un hombre conforme al corazón de Dios. El salmista advierte que los necios niegan a Dios en su corazón. Salomón aconseja a su hijo que guarde puro el corazón. El mismo autor advierte que el corazón alegre da salud al cuerpo y el corazón acongojado seca los huesos. ¿No es eso lo que llaman somatización? Ezequiel describe el transplante que el Espíritu Santo realiza en el hombre caído que se arrepiente, al cambiarle el corazón de piedra en un corazón de carne.

Jesucristo agota el tema en el curso de sus sermones: El vino a sanar a los quebrantados de corazón. Nos invita a ser mansos y humildes de corazón, como él es. Solo los limpios de corazón verán a Dios, pues es él quien escudriña los pensamientos y las intenciones del corazón. El que mira a una mujer para codiciarla, ya adulteró con ella en su corazón. Donde esté el tesoro de un hombre allí estará también su corazón. A Dios debemos amarlo con todo el corazón. De la abundancia del corazón habla la boca. Hay que perdonar de todo corazón las ofensas del prójimo.

Si nos atenemos al relato bíblico, los miembros de la iglesia primitiva, guiados por los apóstoles, eran de un solo corazón, comían juntos con alegría de corazón, mantenían la Palabra de Dios en su boca y en su corazón, el Espíritu Santo había sido derramado en sus corazones, de corazón hacían la voluntad de Dios, su amor fraternal nacía de un corazón limpio, y su corazón estaba afirmado por la gracia, pues habían entendido algo sencillo:

> «En esto sabremos que somos de la verdad, y nos sentiremos seguros delante de él: que aunque nuestro corazón nos condene, Dios es más grande que nuestro corazón y lo sabe todo. Queridos hermanos, si el corazón no nos condena, tenemos confianza delante de Dios, y recibimos todo lo que le pedimos porque obedecemos sus mandamientos y hacemos lo que le agrada» (1 Juan 3:19,22).

Los esfuerzos del materialismo y el racionalismo por desvirtuar el verdadero sentido de la palabra corazón en la Biblia fracasaron estrepitosamente. El meollo del ser humano, esa parte intrínseca de su identidad, que lo hace sentirse él mismo y no otro, sigue palpitando dentro del espacio interior no físico, en un diástole-sístole incesante.

LA PUERTA SIN PICAPORTE

Las siete iglesias que desfilan por los tres primeros capítulos de Apocalipsis tienen diferencias nítidas; cada una de ellas tipifica una etapa histórica de la iglesia en general, tanto como las siete etapas por las que atraviesa toda iglesia en particular; pero sus lecciones pueden aplicarse también a períodos especiales en la vida del creyente como individuo. Resulta curioso que en seis de tales iglesias —Éfeso, Esmirna, Pérgamo, Tiatira , Sardis y Filadelfia— el Señor se halle de puertas adentro, y en la séptima, que es Laodicea, esté situado afuera, tocando a la puerta y esperando que le abran.

> «Yo reprendo y disciplino a todos los que amo. Por lo tanto, sé fervoroso y arrepiéntete. Mira que estoy a la puerta y llamo. Si alguno oye mi voz y abre la puerta, entraré, y cenaré con él, y él conmigo» (Apocalipsis 3:19,20).

Laodicea es, probablemente, el período actual de la iglesia cristiana, si nos atenemos a la descripción bíblica que muestra a un grupo rico en bienes materiales pero pobre en espiritualidad, con los ojos velados, en ambiente hedonista, exhibiendo esa peligrosa característica que es la tibieza. Cuando uno observa el panorama de la iglesia en la postmodernidad no puede menos que aceptar y reconocer sinceramente: Estamos en Laodicea.

> «Conozco tus obras; sé que no eres ni frío ni caliente. ¡Ojalá fueras lo uno o lo otro! Por tanto, como no eres ni frío ni caliente, sino tibio, estoy por vomitarte de mi boca. Dices: "Soy rico; me he enriquecido y no me hace falta nada"; pero no te das cuenta de que el infeliz y miserable, el pobre, ciego y desnudo eres tú. Por eso te aconsejo que de mí compres oro refinado por el fuego, para que te hagas rico; ropas blancas para que te vistas y cubras tu vergonzosa desnudez; y colirio para que te lo pongas en los ojos y recobres la vista» (Apocalipsis 3:15,18).

La escena del Señor a la puerta ha sido objeto de incontables obras de arte; tal vez la más famosa es la del pintor inglés William Holman Hunt, en la cual se representa a Jesús en medio de la noche, sosteniendo una lámpara brillante en una mano, mientras con los nudillos de la otra toca a una puerta que tiene forma de corazón. Se relata la anécdota de un crítico que encontró el lienzo perfecto en todos sus detalles, pero lamentó que el artista hubiera omitido ponerle picaporte a la puerta; observación a la que Hunt contestó sencillamente:

—No se trata de algo que yo haya olvidado, es que esa es la puerta del corazón humano, que solo puede abrirse desde adentro.

La llamada eterna. El gran poeta español Lope de Vega plasmó, en un inolvidable soneto, la indolencia de quienes oyen el llamado insistente del Señor a su puerta y la mantienen clausurada; sus versos, escritos hace cuatro siglos, reflejan una penosa realidad de nuestro tiempo: la sordera ante el llamado de Jesús, la ceguera que no acepta la luz que sale de su lámpara; dicho llanamente, la dureza de corazón:

«¿Qué tengo yo, que mi amistad procuras?
¿Qué interés se te sigue, Jesús mío,
Que a mi puerta, cubierta de rocío,
Pasas las noches del invierno oscuras?

¡Oh, cuánto fueron mis entrañas duras,
Pues no te abrí! ¡Qué extraño desvarío
Si de mi ingratitud el hielo frío
Secó las llagas de tus plantas puras!

¡Cuántas veces el ángel me decía:
"Alma, asómate ahora a la ventana;
Verás con cuánto amor llamar porfía"

Y ¡cuántas, hermosura soberana,
"Mañana le abriremos" respondía,
Para lo mismo responder mañana!».

El corazón es el cuarto inviolable donde el hombre guarda a puerta cerrada lo que él es realmente, no lo que parece ser, no lo que los demás juzgan que es, ni lo que se esfuerza por mostrar que es sin serlo; sino él mismo, su persona, su código secreto, su yo soy yo, su propio ser, lo que nadie más es ni puede ser. Lo incopiable, lo irrepetible, lo original y único Lo absoluto diferente. Lo inclonable. Tu yo, mi tú, el él. En una palabra, la yoidad.

CAPÍTULO 7

LAS PUERTAS DEL CIELO

Pestillo

«Ábranme las puertas de la justicia para que entre yo a dar gracias al SEÑOR» (Salmo 118:19).

Dentro de la mitología cristianoide que se formó en la iglesia latina, al producirse un artificial mestizaje Biblia-paganismo, una de las fábulas más populares es la que muestra a San Pedro en su papel de conserje, a la puerta del cielo, con un gran llavero en la mano, por ser el encargado de franquearles la entrada a quienes hayan acumulado méritos suficientes para adquirir el derecho de ingresar a la eterna mansión. Se argumenta que, al fin y al cabo, fue a este apóstol —y a nadie más— a quien Jesús en persona le hizo entrega de sus llaves.

La ignorancia religiosa pasa por alto que, en momentos cenitales, un individuo representa a la comunidad. Adán, al aceptar la oferta satánica del pecado, no es uno solo sino la especie total. Todos los labios de todas las personas están en los de la persona Judas en el acto de estampar su beso sobre el rostro sudoroso de sangre del Nazareno. Cuando niega por tres veces al Cristo, Pedro es un eco del inconsciente colectivo de la humanidad caída. Pilatos lava en sus manos las de todos nosotros. Barrabás, al ser indultado, es un hombre que sintetiza a todo el hombre. Al cargar sobre su cuerpo todos los pecados ajenos, Jesucristo, siendo un hombre, es el hombre.

Así las cosas, cuando el pescador afirma la deidad del Carpintero, y recibe de éste las Llaves del Reino de los cielos, lo hace en representación de todos los creyentes de todas las épocas; y, por eso, quienquiera que haga la misma declaración que él hizo, es una piedra viva para edificar la iglesia y un portador idóneo del llavero celestial. El propio apóstol se encarga de aclararlo en forma terminante:

> «Cristo es la piedra viva, rechazada por los seres humanos pero escogida y preciosa ante Dios. Al acercarse a él, también ustedes son como piedras vivas, con las cuales se está edificando una casa espiritual. De este modo llegan a ser un sacerdocio santo, para ofrecer sacrificios espirituales que Dios acepta por medio de Jesucristo» (1 Pedro 2:4,5).

Ciertamente somos un Adán colectivo, un Judas comunitario, un Pedro corporativo, un Pilatos inclusivo, un Barrabás cooperativo. Gracias a Dios, Pablo nos revela por el Espíritu Santo que los creyentes integramos un Cristo colectivo, comunitario, corporativo, inclusivo, cooperativo como miembros del Cuerpo del Señor, que es la iglesia, un mecanismo ensamblado con piezas espirituales, un edificio formado de piedras vivas.

Las llaves que tenemos a la mano abren puertas del cielo desde la tierra. En este planeta hay quicios, dinteles y umbrales hacia el mundo sobrenatural. Como ya lo hemos visto, algunas puertas dan acceso al pecado, la enfermedad, la miseria y la muerte. Son las puertas del enemigo. Las que Jesucristo pone a nuestra disposición nos conducen a la santidad, la salud, la prosperidad y la vida. Son las puertas del cielo. Un lector aplicado de la Biblia, y que se deje guiar por el Espíritu Santo, descubrirá muchas de ellas. La intención de este libro es solo estimular su búsqueda; he aquí algunas, realmente esencialistas.

LA PUERTA DE LA SABIDURIA

El racionalismo pervirtió el sentido de muchas palabras. Sabio, por ejemplo, pasó a ser sinónimo de erudito o conocedor, al confundirse y refundirse los conceptos de sabiduría y ciencia; de esta suerte se llamó sabios a muchos que eran exactamente lo contrario, es decir, insensatos. El siglo XX se llenó de sabelotodos y especialistas, pero tuvo pocos sabios en la acepción real del vocablo. En el diccionario leo estas definiciones primarias: «Sabiduría: Conducta prudente». «Sabio: Dícese del que tiene sabiduría».

En realidad, ciencia es información; sabiduría es aplicación. Puedo conocer muchas cosas, ser un erudito, y, simultáneamente, cometer errores en mi conducta diaria por falta de sabiduría. Hay muchos conocedores necios y muchos ignorantes sabios. Cuando Dios le pregunta a Salomón qué quiere recibir de su mano providente, el heredero de David pide sabiduría. Si tiene ese tesoro, lo demás vendrá por lógica consecuencia. Y es el propio rey quien nos ha legado páginas memorables sobre el tema:

> «¿Acaso no está llamando la sabiduría? ¿No está elevando su voz la inteligencia? Toma su puesto en las alturas, a la vera del camino y en las encrucijadas.

Junto a las puertas que dan a la ciudad, a la entrada misma, grita a voz en cuello: —A ustedes los hombres, los estoy llamando; dirijo mi voz a toda la humanidad—» (Proverbios 8:1-4).

La Sabiduría permanece, pues, junto a las puertas: las de la ciudad, donde se sientan los ciudadanos importantes a debatir los asuntos comunitarios; las de los palacios, donde los gobernantes toman decisiones que afectan a todos los asociados; las del templo, donde los líderes religiosos administran las cosas espirituales; las de los hogares, células básicas de la sociedad, que la forman o deforman.

Por desdicha, en vastos sectores del cristianismo latinoamericano se hizo popular la perniciosa idea de que para ser un buen creyente es aconsejable ser un gran ignorante, porque «el conocimiento envanece». En muchos casos se menospreció a personas dotadas de luces intelectuales que llegaron a las iglesias a buscar lo que les faltaba —sabiduría— y que pudieron dar lo que tenían —ciencia—; todo ello con el argumento simplista de que, quien aprenda a memorizar versículos como una cotorra, no necesita otro tipo de información para llevar una vida plena.

Diseño inteligente. El tremendo auge de lo carismático, que fue absolutamente necesario en su momento, a la larga desniveló la iglesia hacia el «manifestacionismo supersticioso» en detrimento del «naturalismo psicológico», para utilizar las definiciones del doctor Conner. Se subrayó que los carismas no se reciben por méritos intelectuales, sino bajo la autonomía del Espíritu Santo, lo cual es verdad; pero la exageración de tal concepto condujo a un rechazo del conocimiento que obligó a muchos cerebros lúcidos a exiliarse en otros sistemas espirituales, cuando no directamente marcharse al ateísmo. Bueno les hubiera sido a los promotores de semejante desorden releer a San Pablo, hombre de poder espiritual que no era, propiamente, un ignorante:

> «Los judíos piden señales milagrosas y los gentiles buscan sabiduría, mientras que nosotros predicamos a Cristo crucificado. Este mensaje es motivo de tropiezo para los judíos, y es locura para los gentiles, pero para los que Dios ha llamado, lo mismo judíos que gentiles, Cristo es el poder de Dios y la sabiduría de Dios. Pues la locura de Dios es más sabia que la sabiduría humana, y la debilidad de Dios es más fuerte que la fuerza humana» (1 Corintios 1:22-25).

Ya en el siglo XXI, gracias a Dios, la actitud de los cristianos frente a los científicos, y la de los científicos frente a los cristianos, ha cambiado. Los primeros aceptan que, como lo dijera Tomás de Aquino, «todo lo que constituya verdad viene del Espíritu Santo, no importa quién lo haya dicho»; y los segundos han abandonado rápidamente la anticientífica afirmación de que el universo es un efecto sin causa, y hoy lo que está de moda, lo *in*, es hablar de «diseño inteligente» en la creación. Como es obvio, si hay diseño tiene que haber Diseñador. Ya tenemos otro sobrenombre para Dios: El Diseñador Inteligente.

En un proceso espontáneo se está conformando en nuestros días un binomio fe-ciencia que, sin duda, traerá grandes beneficios, si la iglesia no le cierra sus puertas en las narices al conocimiento y si la ciencia no da portazos ante la Biblia; ambos bandos harían bien en atender la recomendación del cosmólogo Carl Sagan cuando, ya agonizante, encarecía: «Los científicos y los teólogos debemos sentarnos a dialogar». Tal actitud sería sabia de ambas partes. La sabiduría es preferible, ciertamente, al conocimiento; pero mejor aún es el conocimiento acompañado de la sabiduría, que es una puerta del cielo; porque, al fin y al cabo,

> «El principio de la sabiduría es el temor del SEÑOR…». (Proverbios 9:10a).

La puerta de la sabiduría tiene una clave sencilla para abrirse: el temor de Dios, bastante escaso en la gente de nuestra centuria, guiada por un conocimiento científico y tecnológico muy avanzado, solo comparable en sus dimensiones a la colosal ignorancia que exhibe con relación a los asuntos espirituales.

PUERTAS Y DONES

Como lo hemos visto páginas atrás, el hombre es un edificio dotado de puertas psicosomáticas; sin embargo, no puede pasarse por alto que su espíritu, que es propiamente la esencia de su ser, tiene la capacidad de conectarse con Aquel que es Espíritu, quien, en su misericordia, ha provisto los dones espirituales como puertas a través de las cuales sus hijos tenemos acceso a su poder. El apóstol San Pablo se ocupa del tema con autoridad:

> «A cada uno se le da una manifestación especial del Espíritu para el bien de los demás. A unos Dios les da por el Espíritu palabra de sabiduría; a otros, por el mismo Espíritu, palabra de conocimiento; a otros, fe por medio del mismo Espíritu, dones para sanar enfermos; a otros, poderes milagrosos; a otros, profecía; a otros, el discernir espíritus; a otros, el hablar en diversas lenguas; y a otros, el interpretar lenguas. Todo esto lo hace un mismo y único Espíritu, quien reparte a cada uno según él lo determina» (1 Corintios 12:7,11).

Este libro no pretende terciar en la nociva polémica bíblico-pentecostal que ha causado estragos en la iglesia; hoy casi todos los cristianos estamos de acuerdo en que no se pueden divorciar la Palabra y el Espíritu. Los reductos fanáticos que persisten en quebrantar ese equilibrio van quedando, poco a poco, al margen de la historia. Pronto serán, pues, marginales. Me limitaré a definir sencillamente las nueve puertas carismáticas, sin más pretensiones que ilustrar al lector sobre ellas, independientemente de su orientación doctrinaria.

PUERTAS DE REVELACIÓN

Palabra de sabiduría. Es una puerta a través de la cual el Espíritu Santo me revela la voluntad de Dios a fin de que yo acierte en la toma de decisiones. Por ejemplo, la orientación que Pablo recibe antes del naufragio en el Adriático para salvar su vida y la de todos los pasajeros del barco.

> «Anoche se me apareció un ángel del Dios a quien pertenezco y a quien sirvo, y me dijo: "No tengas miedo, Pablo. Tienes que comparecer ante el emperador; y Dios te ha concedido la vida de todos los que navegan contigo." Así que ¡ánimo, señores! Confío en Dios que sucederá tal y como se me dijo. Sin embargo, tenemos que encallar en alguna isla» (Hechos 27:23,26).

Esta puerta se ha abierto de muchas maneras: por sueños, visitaciones angélicas, mensajes proféticos, etc. Hoy en día, el Espíritu Santo prefiere hablar a través de su propia Palabra, aunque no es lícito eliminar otras formas; por ejemplo, las circunstancias mismas de la vida diaria, en las cuales su mensaje suele ser muy preciso.

Palabra de conocimiento. Esta puerta abre una información que el Espíritu Santo me brinda de datos específicos sobre personas específicas en circunstancias específicas. Jesús emplea este don para desenmascarar a la samaritana que ha tenido tantas insatisfacciones en su vida sentimental:

> «Ve a llamar a tu esposo, y vuelve acá —le dijo Jesús-
> No tengo esposo —respondió la mujer.
> —Bien has dicho que no tienes esposo.
> Es cierto que has tenido cinco, y el que ahora tienes no es tu esposo. En esto has dicho la verdad» (Juan 4:16,18).

Las mujeres suelen poseer este don, del cual algunas abusan en forma inconsecuente; por cierto, la psicología se limita a darle a esta inexplicable antena extrasensorial el remoquete de «intuición».

Discernimiento de espíritus. La idea vulgarizada que se tiene sobre este don consiste en asociarlo unilateralmente con la detección de demonios. Se trata de algo más amplio, en realidad. Es este el radar que capta todos los espíritus: el de Dios, en primer lugar; luego sus santos ángeles; y, también, por supuesto, los ángeles caídos. Básicamente esta puerta se nos abre para mirar con claridad las manifestaciones sobrenaturales y distinguir si vienen de la luz o de las tinieblas.

> «Una vez, cuando íbamos al lugar de oración, nos salió al encuentro una joven esclava que tenía un espíritu de adivinación. Con sus poderes ganaba mucho dinero para sus amos. Nos seguía a Pablo y a nosotros, gritando:
> —Estos hombres son siervos del Dios Altísimo, y les anuncian a ustedes el camino de salvación.
> Así continuó durante muchos días. Por fin Pablo se molestó tanto que se volvió y reprendió al espíritu:
> —¡En el nombre de Jesucristo, te ordeno que salgas de ella!
> Y en aquel mismo momento el espíritu la dejó» (Hechos 16:16,18).

PUERTAS DE PODER

Don de fe. Es la puerta que el Espíritu Santo le despliega al hombre para que realice cosas aparentemente irrealizables. El grano de mostaza que mueve la montaña es la mejor definición de este carisma, cada día más escaso en una iglesia materialista que ha desdibujado su secular certeza en la ilimitada capacidad de Dios para hacer posible por medio del hombre lo que es humanamente imposible.

> «Porque ustedes tienen tan poca fe —les respondió—. Les aseguro que si tienen fe tan pequeña como un grano de mostaza, podrán decirle a esta montaña: "Trasládate de aquí para allá", y se trasladará. Para ustedes nada será imposible» (Mateo 17:20,21).

Sanidades. Aquí tenemos dos puertas: si hay una enfermedad corporal, sanidad física; si se trata de una dolencia psíquica, sanidad interior. Dos terapias provistas por el Espíritu Santo y que deben ser ejercidas con decoro; lo cual, lamentablemente, pasan por alto los especialistas de la sanidad que hacen de ella un *show* publicitario para inflar sus propios egos. Actitud contrastante con la del propio Jesús quien, al sanar a alguien, le encarecía guardar silencio.

> «Al irse Jesús de allí, dos ciegos lo siguieron gritándole:
> —¡Ten compasión de nosotros, Hijo de David!
> Cuando entró en la casa, se le acercaron los ciegos, y él le preguntó:
> —¿Creen que puedo sanarlos?
> —Sí, Señor —le respondieron.
> Entonces les tocó los ojos y les dijo:
> —Se hará con ustedes conforme a su fe.
> Y recobraron la vista. Jesús les advirtió con firmeza:

—Asegúrense de que nadie se entere de esto» (Mateo 9:27,30).

Milagros. Quien es capaz de adentrarse por esta puerta puede alterar el curso de la naturaleza: Moisés abre el mar con su vara, Eliseo hace flotar un hacha, Elías atrae fuego del cielo. El gran experto, por así decirlo, es Jesús: camina sobre el agua, calma la tempestad, multiplica los peces y los panes, resucita muertos, cruza puertas cerradas.

> «Una semana más tarde estaban los discípulos de nuevo en la casa, y Tomás estaba con ellos. Aunque las puertas estaban cerradas, Jesús entró y, poniéndose en medio de ellos, los saludó. —¡La paz sea con ustedes!» (Juan 20:26).

Ese es, precisamente, el don de milagros: cruzar por puertas cerradas.

PUERTAS DE INSPIRACION

Profecía. Profetizar traduce, literalmente, «hablar por otro», no tan solo «vaticinar», como se da por sentado comúnmente. Hoy muchos piensan que profecía es, con exclusividad, una puerta que se abre sobre lo que está por venir. Sin embargo, este don es circunscrito por Pablo a tres funciones: edificación, animación y consolación.

> «En cambio, el que profetiza habla a los demás para edificarlos, animarlos y consolarlos» (1 Corintios 14:3).

Obsérvese que no habla de premonición.

Diversas lenguas. No puedo afiliarme al batallón de quienes menosprecian este extraño don, pues fui bendecido al recibirlo en los inicios de mi caminar cristiano; pero tampoco puedo hacerlo en el de quienes lo exageran hasta convertirlo en el eje de la espiritualidad. No hay razones bíblicas para pensar que quien no hable en lenguas está vacío del Espíritu Santo, ni que todo el que lo haga es pletórico del Divino Consolador. Valdría la pena cuestionarse: Los pentecostales unitarios, que niegan la Santísima Trinidad, hablan en lenguas; ¿Tienen ellos, o no, el Espíritu Santo?

> «Hermanos, si ahora fuera a visitarlos y les hablara en lenguas, ¿de qué les serviría, a menos que les presentara alguna revelación, conocimiento, profecía o enseñanza?» (1 Corintios 14:6).

Interpretación de lenguas. En los días actuales se percibe una disminución del uso de las lenguas y, sobre todo, de su interpretación, debido a los avances que permiten la traducción simultánea, escrita y oral. No se contaba con ello en Jerusalén hace veinte siglos cuando ciudadanos de diversas naciones entendían directamente lo que se les predicaba en lenguas desconocidas (Hechos 2:5,11). Durante muchos años y bajo ciertas circunstancias el Espíritu Santo se valió de tales recursos y, sin duda, lo hará cuando sea necesario.

> «Doy gracias a Dios porque hablo en lenguas más que todos ustedes. Sin embargo, en la iglesia prefiero emplear cinco palabras comprensibles y que me sirvan para instruir a los demás, que diez mil palabras en lenguas» (1 Corintios 14:18,19).

Por lo pronto, quien tenga acceso a estas puertas, trate de cruzarlas con cautela.

LA PUERTA DE LA LUZ

Una de las porciones bíblicas que mayormente he trajinado durante veinte años de vida cristiana, es la del sueño de Jacob en Betel, que se narra en Génesis 28:10,22. Se trata de una escritura circular interminable que me da vueltas y vueltas en la mente y el corazón como una rueda sin fin. Trataré de resumir las principales conclusiones que de ella he obtenido:

Jacob huye de su patria para salvar el pellejo, pues su hermano Esaú busca quitarle la vida. Como un «espalda mojada», se dirige desde el sur a cruzar el gran río para ir al norte, que es Mesopotamia. Lo sorprende el anochecer. Anochece tanto en la naturaleza como en su vida. Detiene su camino y toma una roca como cabecera para dormir. Al descansar sobre la ROCA, se desencadena en su vida la revelación divina. Tiene un sueño en el cual una escalera se extiende desde la tierra hasta el cielo, por la cual suben y bajan los ángeles de Dios.

Lo que sueña Jacob es impactante: Ve al Todopoderoso, oye su voz y recibe su promesa; ella le asegura la posesión de la tierra, la bendición de su descendencia, la certeza de un Salvador nacido de su ADN, la compañía constante de Dios, su protección, y la seguridad del retorno a su patria. Todo el que descansa sobre la Roca, como Jacob, abre una puerta de acceso directo a Dios.

Soñar y pensar. El despertar del patriarca nos ofrece lecciones valiosas. Amanece. La noche ha pasado. Llega la luz. Lo primero que hace este inmigrante es pensar, cosa extraña porque los soñadores —y más si son inmigrantes— generalmente no piensan; pero todo el que sueña y, ya despierto, piensa sobre lo que ha soñado, puede concretar sus sueños en realidad. La cosa esencial que capta la mente de Jacob es la omnipresencia de Dios: El está en sus sueños, pero también en su mundo real.

> «Al despertar Jaco de su sueño, pensó: En realidad, el Señor está en este lugar, y yo no me había dado cuenta. Y con mucho temor, añadió: "¡Qué asombroso es este lugar! Es nada menos que la casa de Dios; ¡Es la puerta del cielo!"» (Génesis 28:16,17).

¿Casa de Dios? ¿Puerta del cielo? Jacob se ha percatado de algo sencillo y maravilloso: Dios está presente dondequiera que uno coloque su Casa sobre la Roca, porque allí hay abierta una puerta del cielo. No se pase por alto que el nombre de aquel lugar era Betel, que significa Luz. En conclusión: Una Casa sobre la Roca es un Betel, una Casa de Luz. Pero, además, Jacob menciona una «puerta del cielo». La conclusión es obvia: cualquier inmigrante —y todos lo somos en la tierra— que tenga la previsión de reposar sobre la ROCA, obtendrá entrada directa a la presencia de Dios. Nadie olvide Quién es la Roca:

> «... y tomaron la misma bebida espiritual que los acompañaba y la roca era Cristo» (1 Corintios 10:4).

Jacob no es solo un individuo; es, básicamente, un pueblo llamado Israel, que a través de la historia se encarga de demostrar, en forma fehaciente, la realidad de Dios; cuatro mil años de continuo trasegar sobre el planeta Tierra hacen de los descendientes genéticos de Jacob el más palpable testimonio de ese Diseñador Inteligente que ahora buscan, con afán, los cerebros más conspicuos. Al descender a nuestro mundo, encarnado en un hombre que ejercería la profesión de carpintero, el Dios de Jacob ha puesto a nuestro alcance la puerta del cielo llamada Jesucristo, a través de la cual, tenemos entrada directa a su presencia eterna. El Carpintero es la Puerta.

LA PUERTA ESTRECHA

Angustiados por las deserciones y la escasez de conversiones en los años finales del siglo XX, muchos líderes eclesiásticos perdieron el rumbo de la austeridad y optaron por contemporizar con el estilo del mundo; por eso, en los últimos tiempos, ha habido una promoción del hedonismo en el seno de esa Laodicea que es la actual iglesia evangélica. Desde los púlpitos se enfatizan, más que nada, aspectos relacionados con la prosperidad económica y la eliminación de los problemas humanos.

Para quienes así piensan, la labor de la iglesia radica en trasladar directamente el cielo a la tierra. Como si tal cosa fuera posible. Cierta «teología del reino» enseña un cristianismo suave y voluptuoso, en cuyo seno no hay cabida para la más leve alteración del funcionamiento corporal y anímico, los conflictos sociales, los desacuerdos personales; ni, muchísimo menos, la estrechez económica. Ser cristiano consiste en lucir feliz, sonriente y exitoso en toda la línea. Sin embargo, Jesucristo fue muy claro al advertir:

> «Yo les he dicho estas cosas para que en mí hallen paz. En este mundo afrontarán aflicciones, pero ¡anímense! Yo he vencido al mundo» (Juan 16:33).

El cristiano no puede eliminar ni evadir los problemas, sino enfrentarlos y hallarles solución a la luz de la Biblia y bajo la conducción del Espíritu Santo. La ventaja que tiene el creyente sobre el inconverso estriba en que la guía divina le permite salir airoso de las situaciones dificultosas, no en que dejará de pasar por ellas. La liviandad es como esa clase de anestesia que amortigua el dolor por un rato pero hace despertar al paciente con desesperación; o bien, como el narcótico que permite evadir la realidad transitoriamente y, al pasar sus efectos, la hace más dramática aún. Esa clase de religión evasiva, ¿no es, por ventura, la que Marx definió como «el opio del pueblo»? Hay que escuchar con atención a Jesucristo:

> «Entren por la puerta estrecha. Porque es ancha la puerta y espacioso el camino que conduce a la destrucción, y muchos entran por ella. Pero estrecha es la puerta y angosto el camino que conduce a la vida, y son pocos los que la encuentran» (Mateo 7:13,14).

El radicalismo cristiano señala solo dos puertas: una estrecha y otra ancha; ellas conducen únicamente a dos caminos: uno angosto y otro espacioso. No hay puertas medianas, ni caminos intermedios o vías alternas. Nadie puede entrar a la verdad a través de pórticos ni bajo arcos triunfales, o avanzar hacia la vida por autopistas pavimentadas y en coches de carreras. El hombre tiene exclusivamente dos opciones, que son el pecado o la santidad. La meta de su maratón vital será una de dos: el Cielo o el Infierno.

En contravía. La facilidad que el mundo encuentra para ganar adeptos, o retener los que ya posee, radica en la naturaleza caída del hombre que se inclina a seguir la corriente, a contemporizar. La máxima dificultad que afronta la iglesia es que marcha en contravía, vuela contra el viento y nada contra las olas. Su trabajo es contestatario; dice no frente al sí, sí frente al no, y nunca puede negociar ni ceder. Una iglesia acomodaticia y transaccional constituye un desatino. Es la anti-iglesia.

Ahora bien, ¿qué es la puerta estrecha? ¿Cuál es el camino angosto? Para algunos, la conducta ascética, llena de privaciones, a lo faquir, en renuncia total a las cosas agradables de esta vida transitoria; para no pocos, un manual de legalismos que regule la autonomía personal en materias tales como comida, bebida y vestuario; para muchos una simple y rutinaria práctica religiosa.

En primer lugar, la puerta estrecha que lleva al camino angosto es el arrepentimiento, que no nos enfrenta con nadie más que con nosotros mismos; por él llegamos a la conversión, que nos enfrenta con Dios cara a cara; y, finalmente, de convertidos pasamos a regenerados, que significa «vueltos a nacer», nuevas criaturas. Todo ello es un ejercicio traumático, un encorvarse y ceñirse para cruzar la puerta estrecha y marchar por el camino angosto.

Cuando se ha pasado por ese proceso, nuestro andar se vuelve ágil, pues aprendemos a evadir las piedras del camino con cierta espontaneidad espiritual y nunca sentimos nostalgia de autopistas, porque en ellas la polución, la velocidad y los accidentes mortales le restan encanto a la carrera de la vida.

Por el camino angosto todo el mundo anda en plan ecológico y la policía vial está formada por ángeles. Es cierto que hay salteadores al acecho —los demonios— pero ellos solo atacan a quienes se sientan a la vera del camino o se desvían transitoriamente de él. No tienen poder para invadir la ruta. Isaías, el profeta mesiánico por excelencia, define bien este asunto:

> «Habrá allí una calzada que será llamada Camino de santidad. No viajarán por ella los impuros, ni transitarán por ella los necios; será sólo para los que siguen el camino. No habrá allí ningún león, ni bestia feroz que por él pase; ¡Allí no se les encontrará! ¡Por allí pasarán solamente los redimidos!» (Isaías 35:8,9).

PUERTA DE EVASIÓN

Por desgracia, el puritanismo subyacente en la memoria ancestral de los protestantes irrumpe en ciertos momentos históricos con mucha fuerza, cargado de reconvenciones, como si quisiera hacer más estrecha la puerta y más angosto el camino para los transeúntes del evangelio. Sus promotores no se resignan a que los caminantes enfrenten los obstáculos que de suyo se les presentan, sino se dedican a la ingrata labor de atravesarles talanqueras adicionales a cada paso.

Estos espontáneos colaboradores de la santidad se autoconsideran algo así como las fuerzas de choque de la policía del Señor para mantener en la línea amarilla a los ciudadanos de su reino. Imponen multas, hacen requisas, ordenan citaciones a corte, colocan esposas, ejecutan detenciones, extraditan, deportan y hasta torturan a los transeúntes del Camino. Ellos son los grandes culpables de que mucha gente no quiera pasar la puerta para iniciar la travesía cristiana.

> «¡Ay de ustedes, maestros de la ley y fariseos, hipócritas! Les cierran a los demás el reino de los cielos, y ni entran ustedes ni dejan entrar a los que intentan hacerlo» (Mateo 23:13).

El caso del escritor francés André Gide ilustra bien el tema. Nacido en el seno de una familia protestante de fuerte acento puritano, terminó en torcidas sendas. Su novela *La Puerta Estrecha* es la triste historia de un joven llamado Jerome —quizás el mismo autor bajo otro nombre— a quien un ambiente familiar severamente legalista le impide vivir las realidades ordinarias. Su prima Alice, de quien está profundamente enamorado, es una muchacha, como hay tantas, con un intenso sentimiento religioso que, al desaparecer su madre, busca en la espiritualidad una puerta de evasión. Aunque ella ama a Jerome de todo corazón, rehúsa la felicidad de unirse a él.

Estaría por fuera de los propósitos de este libro condensar el argumento de la obra de Gide, que tiene múltiples facetas; entre ellas la intervención interesada y, por lo tanto, sesgada, del hijo de un pastor protestante que agrava aun más la situación. Baste con destacar que, para Gide, la moral propia de los puritanos no es, como ellos lo pretenden, "una evasión hacia lo sublime" sino una "inhumana crueldad". La protagonista de la trama concluye en que el camino del Señor es tan estrecho que no pueden ir por él Jerome y ella uno al lado del otro.

LA PUERTA DE LA FE

Quienes se especializan en el tema de la globalización, de tan vastas repercusiones en el mundo postmoderno, harían bien en examinar los antecedentes de ese fenómeno en la obra misionera de Pablo y Bernabé, quienes unieron sus esfuerzos, en una estrecha asociación, para un colosal proyecto evangelístico por las principales urbes del Mediterráneo. Después de su primera y extenuante gira, presentaron el más positivo informe a la iglesia de Antioquía:

> «Cuando llegaron, reunieron a la iglesia e informaron de todo lo que Dios había hecho por medio de ellos, y de cómo había abierto la puerta de la fe a los gentiles» (Hechos 14:27).

El infatigable Pablo solía llamar «puertas» a las oportunidades que el Señor le daba para llevar el mensaje de salvación a los gentiles; sobra decir que el apóstol siempre las aprovechó con diligencia y eficacia ejemplares. Por contraste, los cristianos de hoy, víctimas de variados temores, no cruzan las puertas de evangelización que se les abren de par en par enfrente de sus narices.

> «Ahora bien, cuando llegué a Troas para predicar el evangelio de Cristo, descubrí que el Señor me había abierto las puertas» (2 Corintios 2:12).

El gran apóstol, a quien Paul Johnson califica como la figura más importante de la humanidad en los últimos dos mil años, fue un formidable abridor de puertas. Gracias a su visión totalizadora e incansable entusiasmo, el cristianismo pudo desjudaizarse para universalizarse.

> «…y, al mismo tiempo, intercedan por nosotros a fin de que Dios nos abra las puertas para proclamar la palabra, el misterio de Cristo por el cual estoy preso. Oren para que yo lo anuncie con claridad, como debo hacerlo» (Colosenses 4:3,4).

Conserjes molestos. Hoy por hoy, la gente más audaz para hacer proselitismo religioso forma en las filas de sistemas ajenos al cristianismo. Ellos no esperan a que se les abran las puertas, sencillamente irrumpen en la privacidad de las personas con desenfado y falta de urbanidad. Lo hacen también, y mayormente, a través de esas puertas desplegadas que son los medios masivos de comunicación. La prensa, puerta de la letra; la radio, puerta del sonido; la televisión, puerta de la imagen; el Internet, laberinto de puertas virtuales que se abren hacia todos los abismos. No se olvide que el gobierno del anticristo será global.

Dios ha puesto puertas del cielo en la tierra para que sus hijos entremos por ellas; pero, también, nos ha colocado como porteros, llave en mano, al servicio de la gente que quiere entrar al Reino. Muchos conserjes cristianos se han dado a una despreciable labor de inspección que obstaculiza el ingreso de las almas ansiosas. Al modo de oficiosos agentes de inmigración, exigen documentos de identificación, cartas de recomendación, huellas dactilares y certificados de buena conducta antes de franquearles el paso. Tal vez un día de estos una muchedumbre en estampida los aplaste al pasar sobre ellos, por la puerta, hacia la salvación. ¡Ojalá!, palabra árabe que significa «quiera Dios».

Capítulo 8

La puerta

Visor

«Eleven, puertas, sus dinteles;
levántense, puertas antiguas,
que va a entrar el Rey de la gloria»
(Salmo 24:7).

Si estoy oyendo bien al Espíritu Santo, me parece que *Una vida con propósito*, el sonoro *best seller* de Rick Warren, ha abierto una puerta de oro para que el hombre del siglo XXI entre a la fe cristiana. Entre muchas ayudas de sano pragmatismo, el popular pastor de Saddelback utiliza la palabra FORMA como un acróstico didáctico para diseñar el carácter del siervo de Dios:

Formación espiritual

Oportunidades para tu corazón

Recursos para usar

Mi personalidad cuenta

Antecedentes (sirven de algo)

Sin pretender desarrollar, ni complementar, las ideas de Warren, he estado pensando que toda conversión al cristianismo es una sucesiva conjugación del mismo verbo con diversos prefijos: Formar, dar forma. Deformar, dañar la forma. Uniformar, clonar la forma. Informar, mostrar la forma. Reformar, cambiar la forma. Conformar, ajustar la forma. Transformar, renovar la forma.

LAS PUERTAS DE LA TEOLOGIA

En la creación el hombre fue **formado**; pero al querer ser como Dios, se ha **deformado**. Por eso trae consigo, desde su concepción, la semilla pecadora, al igual que todos sus semejantes; está, pues, **uniformado**. Para salir de su deformación y uniformidad, debe recibir las buenas nuevas, es decir, ser **informado**; y, a través de esa información, **reformado**. Tal reforma consiste en que sea **conformado** a la imagen de Cristo. Entonces habrá sido **transformado**. La iglesia pasa por un proceso similar: Jesucristo la forma, la ignorancia la deforma, la organización la uniforma, la teología la informa, el conocimiento la reforma, el amor la conforma, el Espíritu Santo la transforma.

La historia humana da vueltas dentro de un gerundio circular: formando, deformando, uniformando, informando, conformando y transformando, para volver —en la noria del tiempo— a formar, deformar, uniformar, informar, reformar, conformar y transformar. En una operación incesante, la cultura forma, deforma, uniforma, informa, reforma, conforma y transforma. Como individuo, todos los días de mi vida yo mismo me formo, me deformo, me uniformo, me informo, me reformo, me conformo y me transformo.

La ignorancia ilustrada. La cultura masiva de hoy es, como suele decirse, un océano de conocimientos con un centímetro de profundidad. En un regreso a la Edad Media, la aristocracia de los pensadores está confinada a nuevos monasterios: laboratorios, observatorios, bibliotecas, seminarios; entre tanto, la masa se analfabetiza insensiblemente, al sacrificar la palabra en aras de la imagen, en un proceso que deriva hacia la idolatría, puesto que la Palabra es el Cristo y la imagen es el ídolo. La sabiduría se receta en cápsulas, como las vitaminas; por eso, el verbo formar con sus prefijos ha generado una nueva «familia Monster» de la semántica:

Formatear. Si formar es dar forma, formatear es dar formato. Hoy todo está formateado; hasta los libros, que se han vuelto libretos. Libretear es un nuevo verbo también.

Deformidad. La deformación es algo que generalmente puede corregirse; cosa distinta es la deformidad, casi siempre irremediable.

Uniformismo. Hay cierto grado de uniformidad razonable; los ejércitos, por ejemplo, uniforman a sus soldados para las paradas cívicas; pero en el campo de batalla todos lucen iguales —amigos y enemigos— debido al uso de los uniformes de camuflaje. Eso ya es uniformismo.

Informanía. La manía de la información ha llevado a crear la especialidad de la informática; pero una cosa es ser informático y otra, informaniático, como lo es el cibernauta obsesivo. Curiosamente los medios de masas llaman «informe» a sus noticias. Informe quiere decir «sin forma».

Reformismo. Fue Lutero quien habló de la *ecclesia semper reformanda*, planteando así el actualismo teológico.

Por desdicha, lo que hoy se ve no es reforma sino reformismo, es decir, el cambio por el cambio mismo, como algunas señoras lo hacen con el decorado de sus casas.

Conformismo. Ser conformado es recibir una forma acorde a un modelo; ser conformista es conformarse al ambiente, acoplarse a lo que pasa, tener conformidad. Hay muchos cristianos conformistas en la iglesia de hoy.

Transformismo. Si la transformación es un cambio por dentro, el transformismo es un cambio por fuera, o nuevo fariseísmo. Careta, sepulcro blanqueado, maquillaje. Una apariencia del transformar solo es un malformar. Malformación no es transformación. El transformismo es solo parecer sin ser.

Haciendo un poco de autocrítica evangélica, las congregaciones actuales se mueven bajo rígidos formatos; tal falta de libertad conduce a la deformidad, cuando no al uniformismo. El mensaje que hoy se transmite no es información, es decir, buena noticia, sino tiende más bien a la informanía; tenemos muchos grupos maniáticos de la informática. Ni qué decir de los reformistas, quienes se dan ínfulas de reformadores cada vez que cambian el diseño del altar. No pasemos por alto a los conformistas, indolentes ante los veloces cambios de la postmodernidad; ni, tampoco, a los transformistas, que son los travestis de la religión.

La teología no ha sido más que un continuo abrir nuevas puertas, sin cerrar las antiguas, en el caminar infatigable del hombre hacia Dios. El error que se comete con frecuencia es estarse devolviendo a cruzar puertas que llevan a un pasado inoperante en el hoy, en vez de proseguir la marcha hacia delante por las nuevas puertas que se abren sin cesar a nuestro paso. La que, por el momento, está entreabierta es la de la teología integral, que busca rescatar el esencialismo cristiano en un mundo cada día más pequeño. Contrario a lo que se piensa, globalizar no es ampliar, sino reducir. La Aldea Global no consiste en que el planeta se agranda, sino en que se aminora.

LAS PUERTAS DE LA ALDEA GLOBAL

La globalización, fenómeno propio del siglo XXI, ha generado severos enfrentamientos entre quienes lo consideran la panacea para todos los males, y quienes, por el contrario, temen que agrave las distancias entre países ricos y pobres. Al margen de consideraciones políticas, que no encuadran en el propósito de este libro, hay que reconocer que la globalización no es un descubrimiento de última novedad sino un propósito divino desde los orígenes mismos de la creación humana:

> «Y Dios creó al ser humano a su imagen; lo creó a imagen de Dios. Hombre y mujer los creó, y los bendijo con estas palabras: Sean fructíferos y multiplíquense; llenen la tierra y sométanla» (Génesis l: 27,28a).

La pareja original es colocada por Dios en este planeta con una clara misión globalizadora, que se ve transitoriamente interrumpida por causa del pecado, pero retoma su curso después del Diluvio, a través de la familia sobreviviente:

> «Dios bendijo a Noé y a sus hijos con estas palabras: Sean fecundos, multiplíquense y llenen la tierra» (Génesis 9:1).

Al recomenzar la idolatría su inútil labor demoledora, Satanás se empeña en impedir la globalización ordenada por Dios. La construcción de la torre de Babel es un intento por evitar que el hombre cumpla la orden divina de globalizarse:

> «Luego dijeron: Construyamos una ciudad con una torre que llegue hasta el cielo. De ese modo nos haremos famosos y evitaremos ser dispersados por toda la tierra» (Génesis 11:4).

Pero Dios es globalizador por ser universal; y el relato bíblico de aquellos episodios nos informa cómo él insiste —por decirlo de alguna manera— en su plan original que el hombre se empeña en transgredir:

> «De esta manera el SEÑOR los dispersó desde allí por toda la tierra, y por lo tanto dejaron de construir la ciudad» (Génesis 11:8).

Ante el auge de la idolatría con el nacimiento de los grandes sistemas mitológicos, Dios rescata su propósito a través de Abraham, el bien llamado «padre de la fe», a quien se le especifica su misión:

> «¡Por medio de ti serán bendecidas todas las familias de la tierra!» (Génesis 12:3b).

La globalización de la fe y la bendición fue, pues, profetizada hace cuatro milenios en algún lugar de Caldea, que hoy se llama Iraq; primero, al patriarca Abraham; y, después, a su nieto Jacob:

> «Tu descendencia será tan numerosa como el polvo de la tierra. Te extenderás de norte a sur, de oriente a occidente, y todas las familias de la tierra serán bendecidas por medio de ti y de tu descendencia» (Génesis 28:14).

La razón por la cual el contemporáneo pueblo judío hace presencia positiva en todo el planeta, es porque sus integrantes traen incorporado en el inconsciente colectivo el afán globalizador. Son emigrantes sin remedio. Nómadas, para ser exactos. Y todo ello tiene explicación:

> «Entonces se revelará la gloria del SEÑOR, y la verá toda la humanidad. El SEÑOR mismo lo ha dicho» (Isaías 40:5).

El Cristo global. Este gran profeta, como es obvio, centra su mensaje en el advenimiento y ministerio del Mesías, que habrá de ser el globalizador definitivo. Por eso, cuando el pequeño Jesús es presentado en el templo, el anciano Simeón profetiza sobre él bien a las claras, al mencionar a todos los pueblos y naciones como objetivo de la presencia de aquel bebé sobre la tierra:

> «Según tu palabra, Soberano Señor, ya puedes despedir a tu siervo en paz. Porque han visto mis ojos tu salvación, que has preparado a la vista de todos los pueblos: luz que ilumina a las naciones y gloria de tu pueblo Israel» (Lucas 2:29-31).

El propio Jesús, después de la resurrección y antes de la ascensión, comisiona a sus seguidores a globalizar las buenas nuevas. La llamada Gran Comisión no es otra cosa que un mandamiento globalizador:

> «Por tanto, vayan y hagan discípulos de todas las naciones, bautizándolos en el nombre del Padre y del Hijo y del Espíritu Santo, enseñándoles a obedecer todo lo que les he mandado a ustedes. Y les aseguro que estaré con ustedes siempre, hasta el fin del mundo» (Mateo 28:19,20).

El Salvador global es muy reiterativo en sus órdenes e instrucciones. He aquí una más, entre muchísimas que se registran en el Nuevo Testamento:

> «Pero cuando venga el Espíritu Santo sobre ustedes, recibirán poder y serán mis testigos tanto en Jerusalén como en toda Judea y Samaria, y hasta los confines de la tierra» (Hechos 1:8).

Dicho y hecho. Con motivo del Pentecostés se reúne en Jerusalén una gran multitud de todos los lugares gobernados por el Imperio Romano, la gran potencia globalizadora de la época:

> «Estaban de visita en Jerusalén judíos piadosos, procedentes de todas las naciones de la tierra» (Hechos 2:5).

Los que oyen el mensaje salvador en sus propias y variadas lenguas, regresan a sus países de origen llenos del Espíritu Santo y con la fresca palabra globalizadota en sus labios. El apóstol San Pablo es, finalmente, el instrumento escogido para la realización del plan global. Su presencia en el areópago porta un mensaje universalizador. Su empeño en ir a Macedonia tiene clara orientación: de ese país partió Alejandro Magno, el gran globalizador helénico. Su paso por España, confirmado —al igual que el de Santiago— por muchos historiadores, fue una preparación, con quince siglos de anticipo, del Descubrimiento de América, claro signo del propósito globalizador de Dios.

> «Bendito sea por siempre su glorioso nombre; ¡que toda la tierra se llene de su gloria!» (Salmo 72:19).

Independientemente de la forma como se vaya dando la globalización en el terreno político y económico, y al margen de contiendas seculares, los cristianos debemos cumplir la Gran Comisión, aprovechando al máximo posible las puertas completamente abiertas de la Aldea Global. Manos a la obra, como dijo Salomón.

LA PUERTA DEL CINE

Con la llave del control remoto abro la puerta de la televisión hacia la ciudadela de las noticias: una señora empresaria, ídolo de las amas de casa debido a sus consejos y productos hogareños, es condenada a prisión por manejos financieros fraudulentos. El alcalde de San Francisco monta un *show* publicitario anticonstitucional con masivas bodas de parejas *gays*. Un candidato a la presidencia promete —como siempre— normalizar a los inmigrantes ilegales. Un popular cantante relata sus experiencias con el yoga y la meditación trascendental. El depuesto presidente de Haití, ex-reverendo Jean-Bertrand Aristide, habla desde la entraña del África, continente raizal de sus ancestros. Un astrólogo pronostica -como cada año- la inminente muerte de Fidel Castro. Antes del segmento comercial, se anuncia una entrevista con Mel Gibson sobre su más reciente película: La pasión de Cristo.

Todo pasa a plano secundario: la sentencia de la justicia, el desenfado homosexual, la inmigración ilícita en la campaña presidencial, el cantor meditabundo, el golpe de estado haitiano, «el otoño del patriarca», etc. El personaje noticioso predominante vuelve a ser, como lo ha sido durante veinte siglos, Jesús de Nazaret. La noticia generada por él ocupa siempre la primera plana, interrumpe la rutina informativa, produce el boletín extraordinario. Lo trastorna todo, lo enloquece todo, lo llena todo.

Al producirse el cruce de siglos y milenios, la humanidad caída parecía habérselas arreglado sin Jesucristo. Fracasados los intentos del marxismo por demostrar su inexistencia y catalogarlo entre los mitos, muchos ya hablaban de él como de un personaje pintoresco y obsoleto que podría pasar a buen retiro en el museo de cera de las celebridades religiosas, junto a Mahoma y Buda. Y, de pronto, su silueta se recorta, a contraluz, en la puerta del cinema, y el siglo XXI cambia de dimensión.

Gibson habla con convicción: cuando ya había obtenido dinero, fama y poder —aspiraciones objetivas del ser humano— se dio cuenta de que tenía un vacío interior angustioso y decidió ir a Dios en busca de respuestas. Tuvo su encuentro personal con Jesucristo y su vida cobró significado. El Espíritu Santo lo confrontó con su talento de cineasta y, durante diez años, su corazón ardió por el deseo de llevar a la pantalla la pasión de su Salvador.

Para no especular sobre lo sagrado —actitud extraña en un católico— tomó directamente como libreto y guión el Evangelio de Lucas, y se lanzó a la tremenda aventura de traducir al lenguaje cinematográfico la crudeza sin atenuantes del gran escritor bíblico. Puesta en imágenes y sonidos, la prosa de Lucas resulta sádica en extremo, chocante para los defensores de una estética amanerada que quiso suavizar, en producciones anteriores, la extrema crueldad a la que Jesús fue sometido de manera real.

LAS PUERTAS DE HOLLYWOOD

Los realizadores y espectadores de películas inflamadas de violencia, destrucción, aberraciones y crímenes, hallaron «demasiado fuertes» las trágicas secuencias de *La pasión de Cristo*. La valerosa conducta del actor y director australiano resulta contestataria en el ambiente sibarita de Hollywood, donde el desorden moral tiene su sede. El ángel caído custodio de esta ciudad, montó guardia a las puertas, amenazadas de caer con estrépito.

Que Bill Bright, por ejemplo, haya producido una película sobre Jesús, vaya y venga; al fin y al cabo, el fundador de Campus Crusade solo era un pastor cristiano; pero que alguien arraigado en las entrañas de la industria cinematográfica se atreva a hacerlo, es francamente imperdonable. En la ciudad del séptimo arte solo se hablará de Jesús para infamarlo, como en *La última tentación de Cristo*, de Martin Scorsesse.

Este filme, pues, ha provocado airadas protestas por una sola razón: la humanidad caída se resiste a confesarse culpable de la muerte de Cristo; el hombre postmoderno, que estaba de espaldas a Dios, ha recibido así un doloroso golpe en su conciencia y se voltea, con los ojos llenos de lágrimas y asombro, hacia la gran pantalla donde su propio drama representa el desenlace definitivo. Gibson, en un efecto cinematográfico impactante, solo aparece en una fugaz escena, dando los martillazos finales sobre el último clavo de la crucifixión.

—Lo hice, aclara, porque yo participé en el gran crimen.

¿Un gueto planetario? La sensibilidad a flor de piel de los judíos calificó a *La Pasión* de antisemita, que no lo es en lo más mínimo. El rebuscado pretexto del deicidio, que provocó crueles guetos, inquisiciones, *progroms* y holocaustos, es solo un fósil del fanatismo y la intolerancia. En primer lugar a Dios nadie lo puede matar porque él no puede morir; en segundo lugar, la muerte de Jesús el Hombre aunque haya sido instigada por una camarilla religiosa judaica, y ejecutada por autoridades del imperio, no fue obra de los judíos ni de los romanos; no, al menos, exclusivamente de ellos, sino de todos los hombres. Nadie podría retirar de la Biblia lo escrito por Isaías, setecientos años antes de Cristo:

> «¿Quién ha creído a nuestro mensaje y a quién se le ha revelado el poder del SEÑOR? Creció en su presencia como vástago tierno, como raíz de tierra seca. No había en él belleza ni majestad alguna; su aspecto no era atractivo y nada en su apariencia lo hacía deseable. Despreciado y rechazado por los hombres, varón de dolores, hecho para el sufrimiento. Todos evitaban mirarlo; fue despreciado, y no lo estimamos. Ciertamente él cargó con nuestras enfermedades y soportó nuestros dolores, pero nosotros lo consideramos herido, golpeado por Dios, y humillado.

El fue traspasado por nuestras rebeliones, y molido por nuestras iniquidades; sobre él recayó el castigo, precio de nuestra paz, y gracias a sus heridas fuimos sanados. Todos andábamos perdidos, como ovejas; cada uno seguía su propio camino, pero el Señor hizo recaer sobre él la iniquidad de todos nosotros. Maltratado y humillado, ni siquiera abrió su boca; como cordero, fue llevado al matadero; como oveja, enmudeció ante su trasquilador; y ni siquiera abrió su boca. Después de aprehenderlo y juzgarlo, le dieron muerte; nadie se preocupó de su descendencia. Fue arrancado de la tierra de los vivientes, y golpeado por la trasgresión de mi pueblo. Se le asignó un sepulcro con los malvados, y murió entre los malhechores, aunque nunca cometió violencia alguna, ni hubo engaño en su boca.

Pero el Señor quiso quebrantarlo y hacerlo sufrir, y como él ofreció su vida en expiación, verá su descendencia y prolongará sus días, y llevará a cabo la voluntad del Señor. Después de su sufrimiento, verá la luz y quedará satisfecho; por su conocimiento mi siervo justo justificará a muchos, y cargará con las iniquidades de ellos. Por lo tanto, le daré un puesto entre los grandes, y repartirá el botín con los fuertes, porque derramó su vida hasta la muerte, y fue contado entre los transgresores. Cargó con el pecado de muchos, e intercedió por lo pecadores» (Isaías 53).

¿A quién se le ocurre culpar a los judíos de hoy por lo que hicieron algunos de sus antecesores hace veinte siglos? Sería tan descabellado como hacer responsable a Juan Carlos I, actual monarca de España, de la expulsión de los judíos en 1492 por los Reyes Católicos; o, muy cerca en el tiempo, pretender inculpar a los niños alemanes nacidos en el año dos mil por los hornos crematorios de Hitler hace medio siglo.

Cegados por una cólera visceral, algunos críticos de *La pasión* olvidan cosas elementales: esta bendita civilización, bien llamada «cristiana occidental», que les permite a todos protestar abiertamente, fue posible gracias a la cosmovisión de un judío cristiano llamado Pablo de Tarso. Valdría la pena preguntarse: ¿existiría la democracia sin ese seguidor de Jesús de nombre Juan Calvino? ¿Los Estados Unidos no fueron, acaso, fundados por los padres misioneros, producto genuino de la Reforma Protestante? Y, a todas estas, Schindler, el de la famosa lista de Steven Spielberg, ¿no era un cristiano?

Ante la expansión hacia Occidente de sistemas ajenos a la guía bíblica, como el Hinduismo y el Islam, que amenaza el patrimonio común de judíos y cristianos, lo menos conveniente es una nueva confrontación entre los dos últimos. Quienes de alguna manera provienen de la Reforma Protestante, no tienen hoy recelo alguno contra los hijos de Jacob; por el contrario, los aman y respetan, en el entendido de que el Cristianismo tiene raíz en la fe de Abraham y la revelación del Espíritu Santo a los profetas del Antiguo Testamento, y en la incuestionable realidad de que Jesús de Nazaret es un judío. En nuestra perspectiva, los gentiles cristianos somos ramas de olivo silvestre injertados en el olivo natural que es Israel y, como Pablo lo ha dicho claramente:

> «Hermanos, quiero que entiendan este misterio para que no se vuelvan presuntuosos. Parte de Israel se ha endurecido, y así permanecerá hasta que haya entrado la totalidad de los gentiles. De esta manera todo Israel será salvo, como está escrito: El redentor vendrá de Sión y apartará de Jacob la impiedad. Y éste será mi pacto con ellos cuando perdone sus pecados» (Romanos 11:25,27).

Sería, por cierto, lamentable que los judíos organizaran un gueto planetario en la Aldea Global, a cuya fundación han contribuido tan efectiva y positivamente. Una alianza estratégica de judíos y cristianos redundaría en beneficio de toda la humanidad. El judeo-cristianismo no es una utopía, sino una profecía.

LA PUERTA DIVINA

Quienes soñaron con un siglo XXI anticristiano, postcristiano, o, al menos, acristiano, ya vieron frustradas sus ilusiones oníricas. Jesucristo en persona ha hecho presencia súbita y triunfal a través de la puerta del cine, y se quedará con nosotros durante este siglo, como lo hizo en todos los anteriores. No es posible marginarlo, minusvalorarlo, ni olvidarlo; el mismo se encargará por algún medio de recordarnos su existencia y su obra. Podrán algunos rechazarlo, como ha ocurrido siempre; pero nadie, desconocerlo.

El motivo es simple: todas las puertas que existen desaparecerán. Las del enemigo serán finalmente derrumbadas. Las de las ciudades, incluida la Aldea Global, resultarán innecesarias. Las de la casa perderán el objeto de su existencia. A la postre, ni las del templo harán falta. Solo las puertas humanas serán transformadas y glorificadas para permanecer por siempre abiertas a la verdad de Dios en esa Aldea Celestial cuyas puertas nunca se cierran:

> «Las doce puertas eran doce perlas, y cada puerta estaba hecha de una sola perla. La calle principal de la ciudad era de oro puro, como cristal transparente. No vi ningún templo en la ciudad, porque el Señor Dios Todopoderoso y el Cordero son su templo» (Apocalipsis 21:21,22).

Para ser un futuro habitante de esa ciudad de luz y felicidad, es indispensable entender algo sencillo aquí y ahora: el Carpintero es la Puerta, como él mismo lo proclama con la más absoluta claridad:

> «Yo soy la puerta; el que entre por esta puerta, que soy yo, será salvo. Se moverá con entera libertad y hallará pasto» (Juan 10:9).

No hacen falta más puertas, ni carpinteros ni cerrajeros. Sobran todos los timbres, mirillas, rendijas, postigos, candados, picaportes, armellas, pestillos, bisagras, fallebas y trancas. No hay más goznes, aldabas, quicios, dinteles, ni umbrales. Basta la Puerta Eterna, que se abre con la llave única del amor. Te invito a cruzar por ella hacia el corazón de Dios. Por cierto, la cerradura es esa gran herida en el costado de Jesús.

CERRADURA

Conclusión

Un libro es una puerta de papel que el autor solo puede abrir y que solo el lector puede cerrar.

Hay lectores que se limitan a merodear enfrente de la puerta sin animarse a pisar el quicio y marchar hacia adentro.

Otros permanecen parados bajo el dintel, invadiendo el umbral de la puerta e impidiendo la entrada de otras personas.

Unos más, finalmente, dan media vuelta en dirección contraria. Quizás un día decidan volver de afán. ¡Ojalá no sea tarde y la puerta esté cerrada!

> «Tan pronto como el dueño de la casa se haya levantado a cerrar la puerta, ustedes desde afuera se pondrán a golpear la puerta, diciendo: Señor, ábrenos. Pero él les contestará: No sé quiénes son ustedes.

> Entonces dirán: comimos y bebimos contigo, y tú enseñaste en nuestras plazas. Pero él les contestará: Les repito que no sé quiénes son ustedes. ¡Apártense de mí, todos ustedes hacedores de injusticia!» (Lucas 13:25,27).

La puerta de letras de este libro ha sido desplegada de par en par para quien quiera entrar por ella. Si lo has hecho, te ruego no cerrarla; puede haber alguien detrás de ti que desee —o necesite— cruzarla.

Y si te has decidido a traspasar la Puerta Única llamada Jesucristo, nunca más querrás salir de nuevo hacia el frío y la oscuridad, si ya disfrutas la luz y el calor en el confort definitivo de la casa del Padre.

¡Bienvenido a la eternidad!

DISFRUTE DE OTRAS PUBLICACIONES DE EDITORIAL VIDA

Desde 1946, Editorial Vida es fiel amiga del pueblo hispano a través de la mejor literatura evangélica. Editorial Vida publica libros prácticos y de sólidas doctrinas que enriquecen el caudal de conocimiento de sus lectores.

Nuestras Biblias de Estudio poseen características que ayudan al lector a crecer en el conocimiento de las Sagradas Escrituras y a comprenderlas mejor. Vida Nueva es el más completo y actualizado plan de estudio de Escuela Dominical y el mejor recurso educativo en español. Además, nuestra serie de grabaciones de alabanzas y adoración, Vida Music renueva su espíritu y llena su alma de gratitud a Dios.

En las siguientes páginas se describen otras excelentes publicaciones producidas especialmente para usted. Adquiera productos de Editorial Vida en su librería cristiana más cercana.

DEDICADOS A LA EXCELENCIA

Sexo en la Biblia

Este libro contiene observaciones nacidas de la experiencia pastoral del autor y variados estudios sobre una materia que debe desmitificarse y pasar del tabú tradicional a las tremendas realidades posmodernas. La iglesia triunfará sobre la creciente descomposición de la sociedad si rescata la intención divina del sexo: Procreación responsable, protección de la pureza y deleite de la pareja humana.

0-8297-3770-7

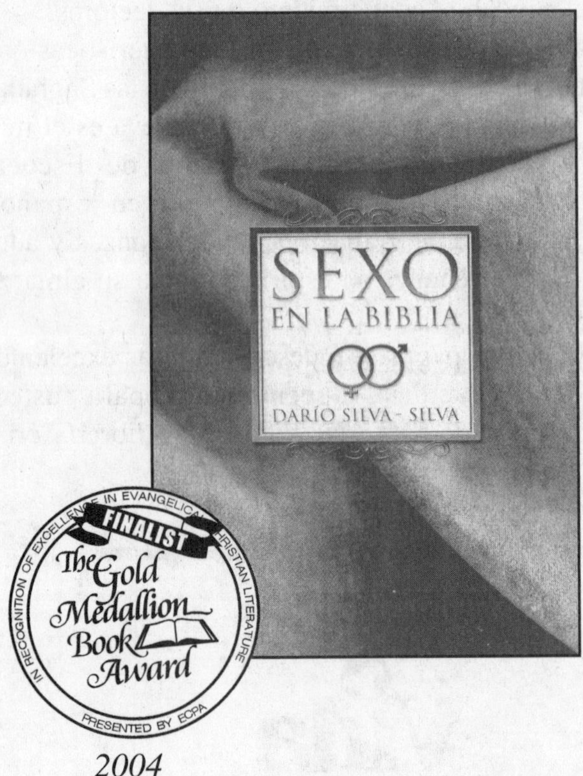

2004

El Reto de Dios

El Reto de Dios está llamado a producir impacto, pues contiene una franca autocrítica evangélica de corte profético y la invitación a dar un salto audaz de la iglesia preterizada a la iglesia futurizante.

ISBN 0-8297-3290-X

Para contactar al autor:
dariosilvasilva@yahoo.com

2002

Las llaves del poder

Esta obra está dirigida a todos aquellos que desean ser líderes tanto de sí mismos como de otros. El autor, Dr. Darío Silva-Silva, aporta esta vez una distinción radical de tres conceptos: Leyes, armas y llaves, temas muy importantes que nos ayudarán a comprender mejor las enseñanzas del evangelio.

ISBN 0-8297-3437-6

El Eterno Presente, más allá del terror

Darío Silva-Silva

¿Podrá la iglesia cristiana seguir siendo igual después de los eventos del 11 de septiembre del 2001? Absolutamente. Si rescata su esencialismo, la iglesia comandará la recristianización de Occidente para la evangelización global a través del vitalismo espiritual, el actualismo teológico y el solucionismo bíblico. En la verdadera guerra, el cristianismo vence al terrorismo, porque el amor triunfa sobre el temor.

ISBN 0-8297-3516-X

Nos agradaría recibir noticias suyas.
Por favor, envíe sus comentarios sobre este libro a la dirección que aparece a continuación.
Muchas gracias

ZONDERVAN

Editorial Vida
7500 NW 25 Street Suite # 239
Miami, Fl. 33122

Vidapub.sales@zondervan.com
http://www.editorialvida.com